中国石油苏丹项

管理模式 探索与

CNPC IN SUDAN: AN OVERVIEW
PRACTICE OF CREATIVE MANAGEMEN

中国石油尼罗

石油工业出版社

《中国石油苏丹项目20年管理模式探索与实践》

—— 编 委 会 ——

名誉主任： 孙贤胜

主　　任： 赵　东　刘英才

执行主任： 贾　勇

副 主 任： 张品先　刘志勇　姜学峰

委　　员： 卢　宏　陈焕龙　窦立荣　陈欣荣　朱继刚　李　刚
　　　　　　王红军　韩　峰　刘国翔　余国义　王　杰　王国林
　　　　　　耿玉锋　齐金郦　吴瑞坤　侯福斗　王　权　王士军
　　　　　　王立民

—— 编 写 组 ——

主　　编： 吕保国　李占彬

副 主 编： 熊　杰　陈明卓　程卫明　汪望泉　单长群　董玉明
　　　　　　崔　龙　池德峰　张　宇　韩启凤　钱凤章

执行主编： 吴谋远　王二庆

成　　员： （按姓氏笔画排序）
　　　　　　于海涛　王　春　王　磊　王红岩　王国林　王建顺
　　　　　　王鹏程　卢　鹏　叶大建　吕增江　朱颖超　任永胜
　　　　　　刘　芳　刘　强　刘兴晓　刘明军　刘胜英　孙　宁
　　　　　　孙　黎　李长龙　杨　斌　杨立庆　杨传龙　谷红军
　　　　　　张宁浩　张爱琴　陆宝军　金劲松　庞文珠　於拥军
　　　　　　郑永林　赵　松　赵　星　赵　浩　侯　勇　姚新华
　　　　　　聂志泉　徐建山　殷冬青　董　卫　焦　洋　曾　彬
　　　　　　裴云伟　潘春孚

　　苏丹项目是中国石油在海外投资最多、规模最大，也是最成功的项目之一。2015 年是中苏石油合作 20 周年。20 年来，一批又一批中国石油人胸怀祖国，牢记使命，顽强拼搏，矢志奉献，用青春、智慧、汗水乃至生命，诠释了"中国速度""中国制造"和"中国精神"，帮助苏丹建立了具有国际一流水平、完整的现代化石油工业体系，谱写了中苏石油合作的壮美诗篇，大大提升了中国石油的国际形象，被党和国家领导人誉为"中苏合作的典范"。

　　苏丹项目的开拓，既印证了中国石油的责任与担当，又浓缩了"走出去"战略的艰辛与曲折。《中国石油苏丹项目 20 年管理模式探索与实践》就是这部海外产业报国史的真实再现，就是推动中国石油稳健发展的生动写照。回顾苏丹项目的发展历程，总结苏丹项目的成功实践，其根本在于坚持党的领导，坚定中国特色国有企业海外业务发展道路，利用两种资源、两个市场发展石油工业；其关键在于牢记"我为祖国献石油"的责任使命，弘扬大庆精神、铁人精神，发挥勘探开发、工程技术、服务保障的整体优势；其前提在于树立"互利共赢、合作发展"理念，实行清洁生产，推进文化融合，造福当地人民。

当前，世界地缘政治格局、全球油气市场态势正在发生深刻复杂变化，全国人民正在为实现中华民族伟大复兴的"中国梦"而努力奋斗。机遇与挑战并存。站在新的历史起点，苏丹项目要立足能源安全的大背景，着眼中国石油的大发展，认真贯彻落实中国石油天然气集团公司决策部署，高效实施国际化发展战略，积极推进跨国经营管理创新，努力建成重要的油气合作区，为重塑中国石油形象、深化中苏传统友谊输入新的血液，增添新的活力，创造新的经验。

时值中苏石油合作 20 周年，借本书出版之际，我谨向中国石油苏丹项目干部员工，并通过你们向全体海外人员表示亲切慰问，并致以崇高的敬意！

中国石油天然气集团公司董事长、党组书记

2015 年 8 月

在中苏石油合作 20 周年之际，中国石油尼罗河公司会同中国石油集团经济技术研究院组织编写了《中国石油苏丹项目20 年管理模式探索与实践》，以此献给在中苏石油合作中做出突出贡献的广大海外石油工作者，支持、帮助和推动苏丹项目创造辉煌的前辈和领导们，以及所有关心苏丹项目发展的各界朋友，并致以我们最崇高的敬意！

经过 20 年的跨越式发展，中国石油国际竞争力大幅提升。以苏丹项目为代表的中国石油海外业务，面对多变的全球政治经济态势、激烈的国际市场竞争和动荡的东道国投资环境，大力弘扬大庆精神、铁人精神，艰苦奋斗、科学探索、勇于实践，实现了从"走出去"到"走上去"的历史跨越，并积累了丰富的国际合作经验。编写组本着尊重历史、客观公正、实事求是的原则，特别是对亲身参与和见证这段辉煌历程的广大海外石油工作者负责的态度，调研走访了 20 余位分别经历苏丹项目各个历史发展阶段、参与项目重要里程碑事件以及目前还在项目工作的管理者、专家、基层工作者，收集整理了苏丹事业 20 年发展中包括重点事件、重点项目、重点人物等在内的大量素材、案例、图片，全景式展示了中国石油在苏丹实施国际化经营、融入社会经济发展的创业历程。同时，将国际化合

艰苦创业谱华章
无私奉献奏凯歌

作的理论与实践相结合，对苏丹项目涵盖运营管理、科技创新、人力资源、风险防控、企业文化等领域的特色管理模式、先进典型经验、优秀管理案例等进行了总结提升，凝练形成了以"一体化运作、集成化创新、国际化管理、专业化人才、互利共赢理念、传承创新大庆精神"为主要内涵的苏丹项目投资与运营管理模式，以期使广大读者对苏丹项目石油工作者波澜壮阔的海外创业历程有更加深入、理性的认识，并为其他海外项目国际化经营管理提供参考和借鉴。

在本书编写过程中，中国石油尼罗河公司、中国石油集团经济技术研究院的有关领导、专家给予了许多宝贵指导，海外勘探开发公司给予了大力支持和帮助；苏丹项目前任和现任的许多领导、专家、同事，牺牲了回国休假、周末休息及与家人团聚的时间，通过会议座谈、邮件咨询、电话采访等多种方式，为本书提供了大量鲜活、生动的素材和案例，使本书收录的典型案例、模式总结更加具有苏丹创业的特点和代表性。在此向所有关心、支持、帮助本书顺利完成的各级领导，各单位、各部门和参与编写工作的同志们表示衷心的感谢！

走过 20 年，苏丹项目只是在中国石油国际化经营中走过了"万里长征第一程"，当前已迈入二次创业发展的新阶段。本书的编写力图为中国石油国际化经营提供更多的理论和经验支持，但相对于快速变化的全球格局和能源实践，书稿写作和总结的成果依然是初步的，尚有一些问题亟待拓宽和深入研究，未来围绕苏丹项目管理模式的探索和总结还将持续开展下去。

由于编者水平不足和经验有限，加之苏丹项目发展时间跨度长、涉及领域广、人员流动频繁，在收集材料、人员访谈、组织编写等方面的工作量大、难度高，疏漏和不当之处在所难免，敬请读者批评指正。

目 录

中国石油苏丹项目20年

管理模式探索与实践

CNPC IN SUDAN: AN OVERVIEW OF 20 YEARS
PRACTICE OF CREATIVE MANAGEMENT PATTERN

中国石油尼罗河公司 编著

石油工业出版社

内 容 提 要

　　本书全景式展示了中国石油苏丹项目20年的创业历程，总结凝练了苏丹项目在企业管控、生产运营、投资财务、人力资源、业绩管理、风险管理等领域的管理模式，以及在一体化合作、技术支持、企业文化、互利共赢等方面的特色实践。

　　本书对即将或正在开展"走出去"实践的企业管理者与工作人员、海外投资管理的研究人员以及对海外油气投资实践感兴趣的广大读者等具有重要的参考价值。

图书在版编目（CIP）数据

中国石油苏丹项目20年管理模式探索与实践/中国石油尼罗河公司编著.
北京：石油工业出版社，2017.1
　ISBN 978-7-5183-1106-4

　Ⅰ.中…
　Ⅱ.中…
　Ⅲ.①石油工程－国际承包工程－工程项目管理－中国
　　②石油工程－建设－苏丹
　Ⅳ.①F426.22 ②F441.262

出版发行：石油工业出版社
　　　　　（北京安定门外安华里2区1号　100011）
　　　　　网　　址：www.petropub.com
　　　　　编辑部：（010）64523738
　　　　　图书营销中心：（010）64523633
经　　销：全国新华书店
印　　刷：北京中石油彩色印刷有限责任公司

2017年1月第1版　2017年1月第1次印刷
889×1194毫米　开本：1/32　印张：9.5
字数：195千字

定价：68.00元
（如出现印装质量问题，我社图书营销中心负责调换）

第一篇

发展之路

第一章

苏丹项目合作背景

　　中苏石油合作是以两国长期友好关系为前提，以互利共赢为基础构建的新型合作关系。早在 20 世纪 70 年代，苏丹就计划与西方石油公司合作发展石油工业，但一直未获得规模商业化发现。90 年代，随着中国石油天然气集团公司（简称中国石油）实施"走出去"战略，在利用"两种资源、两个市场"的方针指导下，苏丹迎来了石油工业发展的契机。经过 20 年的共同努力，苏丹建立起了完整的石油工业体系，成为非洲重要的产油国。

第一节　中苏友谊奠定合作基础

　　苏丹位于非洲东北部。南苏丹独立以前，苏丹曾是非洲国土面积最大的国家。苏丹人民和中国人民的友谊源远流长，从唐代就开始了友好往来。苏丹是非洲最早与中国建交的国家之一，从 1959 年建交至今，已跨越了半个多世纪。

　　中国和苏丹在近代历史上都曾是十分贫穷落后的国家，两国也都在 20 世纪 40—50 年代，亚非拉各地掀起的民族解放浪潮中取得政治独立。1964 年 1 月，周恩来总理、陈毅副总理（兼外交部部长）成功访问苏丹，开创了两国政府高层互访的先河。

周恩来总理一行抵达苏丹首都喀土穆时，苏丹武装部队最高委员会主席易卜拉欣·阿布德，率领苏丹高级军政人员前往机场迎接。周恩来总理在欢迎晚宴上，赞扬苏丹人民惩罚了中国和苏丹两国人民的共同敌人——英国侵略军军官查尔斯·戈登❶。

周恩来总理访问苏丹期间，明确阐述了中国一贯奉行和平共处五项原则的立场，支持苏丹维护国家主权和领土完整，致力于实现民族和解、发展民族经济，并给予了苏丹力所能及的经济援助。周总理访问苏丹取得了一系列丰硕成果，两国在一些国际问题上一直保持着高度一致，同时在政治、经济、文化等领域的友好合作关系得到了全面发展。

1989 年，巴希尔担任总统后，中国与苏丹关系进一步向前发展。1990 年 11 月，苏丹总统巴希尔访华，两国在经济、贸易、科技和石油开发领域的合作获得了许多重要进展。1992 年，两国签署了金额为 1 亿美元的贸易协定书。1993 年，两国建立了经济贸易和技术合作混合委员会，并在北京建立了苏丹贸易中心。1995 年，巴希尔总统访华期间，中国苏丹友好协会宣布成立，武汉与喀土穆结为友好城市，两国签订了互免外交、公务签证协议。中国政府向苏丹提供 1.5 亿元人民币贴息贷款，其中 1 亿元用于开发苏丹石油。

同时，自 1970 年以来，中国开始向苏丹提供经济援助，至今共承担并建成了 70 多个援助项目。在这些项目中，恩图

---

❶戈登 (1833—1885)，英国人，第二次鸦片战争侵略中国的英法联军的统帅。1860 年 10 月 18 日，执行了额尔金和格兰特的命令火烧圆明园。1874 年任苏丹总督。1885 年被苏丹人民起义军用长矛刺死。

曼尼罗河大桥、友谊宫、喀土穆炼厂友谊医院、迈格公路、哈萨黑萨纺织厂、国际会议厅等项目，对苏丹社会与经济发展起到了积极作用，取得了良好的援助效果，大幅提升了国际影响力。1962年，中苏两国签订政府间贸易协定，此后经贸关系不断发展。特别是在1995年两国加强石油合作后，经贸关系发展加速。中国帮助苏丹建立了上中下游一体化的完整石油工业体系，同时帮助苏丹从过去的贫油国一跃成为非洲重要的产油国。石油工业的快速发展，不但使苏丹改变了过去长期依赖石油进口的面貌，同时推动苏丹一度成为北非地区重要的成品油出口国，极大提升了苏丹的经济实力和地区影响力。

随着石油项目的成功实施，中苏贸易额快速增长，由1997年进出口总额1.3亿美元，猛增到最高时的近600亿美元。中苏两国经贸合作不断深入，使苏丹成为中国在非洲重要的贸

连接喀土穆和恩图曼的尼罗河大桥

苏丹首都喀土穆友谊宫

喀土穆炼厂友谊医院

易伙伴和投资伙伴。同时，中国是苏丹第一大贸易伙伴，也是第一大投资来源国。两国经济技术合作涉及范围较广，已经从单纯地向苏丹提供经济援助，发展为以石油合作为龙头，电力、水利、路桥、港口、电信、农业、工业、服务业、贸易、纺织、医疗和教育等各行业广泛合作的良好局面。

2015 年 9 月 1 日，国家主席习近平在人民大会堂会见苏丹共和国总统巴希尔时指出，中苏建交 56 年来，始终相互理解、相互支持，两国务实合作成果丰硕。中方珍视中苏传统友谊，愿同苏方一道努力，推动中苏战略伙伴关系不断发展。双方要巩固战略互信，继续在涉及彼此重大关切问题上相互坚定支持。要深化石油、基础设施建设、农业、可再生能源和高新技术领域合作，加强文化、教育、卫生、旅游等领域交往，中方愿继续为苏丹经济社会发展提供智力支持。

巴希尔总统表示，苏中两国关系基础牢固，双方务实合作不断推进，为两国人民带来实实在在的利益。苏方希望扩大两国合作领域，同时赞赏中方"一带一路"倡议，愿积极参与有关合作。

（引自：《人民日报》，2015 年 9 月 2 日 1 版）

第二节　互利共赢推动石油合作

一、苏丹早期石油工业发展的历史

早在 20 世纪初和第一次世界大战期间，西方石油公司（主要来自英国）已经在苏丹红海沿岸地区进行了油气资源地质调查，直到第二次世界大战结束，也未能发现有商业开采价值的油气储量。西方石油界因此认定苏丹也是一个"贫油国"，就像同时期的中国一样。

自独立以后的数十年来，苏丹长期遭受内战困扰，经济发展步履维艰，寻找油气资源的活动虽时断时续，却并没有停止。由于苏丹政府在 20 世纪 60 年代中期以前的政治、经济、文化和外交等政策总体上亲近西方，1957—1967 年 6 月 [《石油资源开发条例（1959）》生效]，应苏丹政府邀约，多家西方石油公司根据特许权，在苏丹境内沿红海水陆地区，进行了长期细致的油气资源勘探活动。其中，意大利埃尼（ENI）集团下属的阿吉普（Agip）公司捷足先得，于 1959 年进入苏丹开展业务，一共获得海上和陆上共计 11 个区块的勘探许可证，在约 8545 平方千米的勘探区域，开展了地面地质调查、重磁力测量和地震勘探。美国海洋石油公司（Oceanic Oil Ltd.）对 2434 平方千米的陆地面积做了地质测量，与东得克萨斯公司（Texas Easter）合作勘探 1 个油田。勘探活动取得一定效果，也积累了很多地质资料。在此期间，法国道达尔石油公司（Total）、美国联合得州公司（Texas Union）、国际石油公司（International Oil）、皇家荷兰壳牌集团（Shell）、英国石油公司（British Petroleum，BP）等西方大中型石油企业，也相继投资于苏丹石油勘探业务。随后，因 1967 年美国及其盟国在阿拉伯与以色列之间爆发的"六·五"战争（也称第三次中东战争），特许油气勘探无果而终。

1972 年，苏丹第一次南北内战结束，国内政局趋稳。尼迈里治理下的苏丹与苏联关系转冷，又陆续恢复了与西方各国的关系，接受后者提供的大量经济、军事援助。苏丹政府授权国际知名的大型石油企业美国雪佛龙公司先后投资 11 亿美元，在苏丹境内红海沿岸地区，内陆中部、西南和东南地区共约 5.16 万平方千米的范围内进行石油勘探，作业区主要集中在苏丹西南部的穆格莱德（Muglad）盆地和迈卢特（Melut）盆地。先后发现多个含油气地层区位，距埃塞俄比亚边境 40 千米的巴萨伊尔 1 号油田和萨瓦金（Suakin）1 号油田均产出了天然气及伴生物。随后，雪佛龙公司又从苏丹能源矿产部（以下简称能矿部）石油局获得位于苏丹东南部青尼罗河地区，面积约 7300 平方千米的巴加拉（Balkla）区块勘探特许权，并于 20 世纪 80 年代初发现黑格里格（Heglig）油田（1 区块）和团结（Unity）油田（2 区块），以上两个油田的探明地质储量合计 12.4 亿桶[1]。1980 年，法国道达尔公司获得苏丹南部 11.2 万平方千米区域勘探特许权。这一时期，苏丹油气勘探终于取得较大成效，一批有商业开采价值的油田被陆续发现，如团结油田（1980 年投产，当时日产原油达到 3 万桶）、黑格里格油田（几乎与团结油田同时投产，日产原油近 2.5 万桶）、阿德尔（Adar）油田（距喀土穆以南 400 千米，属于迈卢特区块，日产原油约 1.1 万桶），以及伊勒油田、夏拉夫油田和贾巴拉油田等中小油田。20 世纪 70 年代末及 80 年代初，苏丹石油

---

[1] 1 桶（美石油）= 158.9873 升。

自产量已能满足其国内需求的近 50%。然而，由于苏丹中央政府在全国实行《伊斯兰法》，导致 1983 年南北内战再次爆发。南方反叛武装为驱逐外国石油公司、扼制中央政府财政能力，多次对油田进行武装袭击，造成员工伤亡和油田设施损毁。西方石油公司不得不再次中止或调整油田生产运营，石油产量迅速下滑，苏丹通过发展石油工业实现国家脱困的理想再次受挫。

20 世纪 80 年代末，苏丹国内局势进一步恶化。1989 年 6 月，巴希尔上台后，成立救国革命指挥委员会，采取了异常激烈的反美政策。美国政府把后来发生的针对美国利益的一系列袭击事件归咎于苏丹政府的支持和纵容。1993 年，美国政府将苏丹列入支持恐怖主义国家黑名单，开始对苏丹进行一系列经济制裁和军事威胁。1997 年，美国通过立法对苏丹实施新一轮全面经济制裁，包括禁止任何与苏丹政府合作的公司在美国境内融资、投资，且冻结其已有资金账户 [此举在日后影响到中国石油化工集团公司（简称中国石化）等部分中国企业在美国的上市计划]。1998 年，美国更以打击恐怖活动为由，用巡航导弹袭击了喀土穆希法制药厂（美国政府认为该制药厂为"基地"组织秘密生产化学武器），苏丹与美国关系降到了冰点。苏丹动荡的局势和美国加强制裁，迫使西方各石油公司特别是美国石油公司纷纷撤离苏丹。雪佛龙公司于 1992 年撤离；加拿大 SPC 石油公司于 1994 年撤离（该公司刚刚于 1993 年接手由雪佛龙公司留下的 124 区块，继续做地震测量和钻井工作，发现了 Toma South 和 El Toor 两个油田，新增地质储量 3.2 亿桶）；加拿大独立石油企业阿基里斯能源公司（Arakis Energy Corporation）刚刚在 1994 年来到苏丹接手 124 区块，却不得不在 1998 年撤走；加拿大塔利斯曼石油公司（Talisman）则在 1998 年接手 124 区块原阿基里斯能源公司业务权益，很快又在美国政府、人权组织和宗教团体压力之下，被迫于 2003 年撤离苏丹，将原业务权益转让给印度石油天然气公司（ONGC）下属的维德士（Videsh）公司。留下来的各石油公司在美国制裁下，尽力坚持在苏丹的业务运营。但在整个 20 世纪 90 年代，第格纳石油公司（Digna）和康考普公司（CONCORP）等苏丹本土油气企业以及留下来的和谨慎重返苏丹的外国公司都普遍缺乏资金、技术和经验来大规模地勘探和开发油气资源。例如，法国道达尔公司在很长时间里停止了实际勘探工作，持续多年的努力一直未能显著增加苏丹油气资源的储量和产量。苏丹国民经济发展再次陷入困境。

二、中苏石油合作迎来新契机

与此同时，20 世纪 90 年代初，中国经济快速发展，石油需求量迅猛增长，油气行业成为实施"走出去"战略的探路者，并急需找到合作切入点。在两国对石油合作的共同紧迫需求下，中苏石油合作迈出了举世瞩目的步伐。

20 世纪 90 年代，中国经济进入新一轮高速增长期和工业化进程新阶段，国民经济快速发展。伴随着不断加速的经济增长和工业化进程，中国石油消费量迅猛上涨，石油产量增长速度开始落后于石油消费增长速度。1980—1985 年，中国国内石油产量平均增长 3.2%，石油消费平均增长 1%；此后 5 年和

90 年代前 3 年，产量平均增长率分别降为 1.95% 和 0.9%，而消费量平均增长率增长到 4.68% 和 5.2%。1993 年，中国成为石油净进口国，国内石油产量跟不上国民经济发展的需要，能源安全面临严峻挑战。

1993 年 12 月，中央正式提出"充分利用国内外两种资源、两个市场"的发展方针，为中国石油工业启动国际化经营战略指明了方向。后来，这一方针在 2000 年 10 月党的十五届五中全会和 11 月召开的中央经济工作会议上进一步明确为实施"走出去"战略。中国石油紧紧把握时代脉搏，积极响应中央号召，于 20 世纪 90 年代初提出了"稳定东部、发展西部；油气并举；实施国际化经营"的三大战略，将"对外开放、国际化经营"作为实现中国石油长远发展的"三大战略"目标之一，明确了开拓海外业务、走二次创业道路的思路。

1993 年，中国石油正式走出国门，踏上了艰苦创业的国际化经营新征程。1994 年 1 月，苏丹举办中苏经贸洽谈会，中国石油天然气总公司获悉苏丹政府准备对外招商进行石油勘探开发，随即派专家组赴苏丹进行考察，对苏丹投资环境和石油地质情况进行了调研。1995 年 9 月，苏丹总统巴希尔访华期间提出希望中国石油企业帮助苏丹开发石油资源。中共中央总书记江泽民当即要求中国石油予以研究。随后，中国石油天然气总公司再派专家组赴苏丹考察，研究认为苏丹地区地质条件与中国渤海湾盆地类似，中国石油具备成熟的勘探开发配套技术和作业经验。基于以上认识和判断，中国石油做出在苏丹投资进行油气勘探开发合作的决策，并于 1995 年 9 月 26 日

1996 年 11 月 29 日，苏丹能源矿产部部长贾兹（左）将苏丹 124 区招标书授给中国石油天然气总公司总经理助理吴耀文

与苏丹政府签订了苏丹 6 区产品分成协议，规定中国石油拥有 95% 的合同者权益，苏丹国家石油公司（Sudapet）享有 5% 的干股，1996 年 1 月 1 日生效，中苏石油合作的序幕就此开启。

三、中苏石油合作实现互利共赢

在全面推进中苏石油合作过程中，中国石油始终秉持"互利共赢，合作发展"的理念，兼顾合作各方的利益。与西方石油公司运用资本运作的投资模式不同，中国石油不仅在苏丹投入了资金、技术、设备、人才，开发了油田，还积极推进了苏丹石油工业的自身发展能力，以真挚、友好和帮助苏丹人民实现石油自给的强烈愿望，努力帮助苏丹摆脱了贫油的现状。

苏丹石油项目作为中国石油海外开发规模最大、运营业绩良好的项目，较早地收回了投资、创造了效益，为保障国家能源供应开辟了新渠道，也极大地促进了中国石油工程建设和技术服务业务的海外发展；同时，规范的商业运营也为各合作伙伴带来了良好的收益。

　　苏丹政府和人民更是中苏石油合作的最大受益者。20 年前，苏丹是联合国确定的世界最不发达国家之一。20 年后，苏丹已成长为一个由石油工业带动经济社会快速发展的发展中国家。在薄弱的工业基础上，苏丹已建立起上下游一体化的现代石油工业体系，加工生产汽油、柴油、航空煤油、液化气、聚丙烯等石化产品，不仅可以满足本国所有需求，还出口到周边国家和地区。这些合作项目使苏丹走上了由合作发展向自我发展的良性循环之路，为苏丹石油工业打下了坚实基础，并将为苏丹石油工业的未来留下一份丰厚的"遗产"型资产。

中国石油从 20 世纪 90 年代中期开始进入苏丹，20 年中经历了探索创业、快速发展、规模发展、二次创业 4 个发展阶段，并在不同时期实施了正确的发展战略和策略，从上游到下游，不断扩大规模、完善体系，实现了跨越式的发展。

第一节　苏丹项目基本情况

1995 年进入苏丹以来，中国石油在苏丹和南苏丹的油气业务范围涵盖了勘探开发、管道运输、炼油化工、成品油销售等领域，形成了一套完整的上下游一体化油气产业链。

一、勘探开发项目

1. 6 区项目

1995 年 9 月 26 日，中国石油获得了苏丹穆格莱德盆地 6 区块的石油开采权，开启了中苏石油合作历程。苏丹 6 区合同于 1996 年 1 月 1 日生效，区块原始勘探面积 59583 平方千米，中国石油持有 95%，苏丹国家石油公司（Sudapet）持有 5% 的权益。截至 2014 年底，已发现 Fula，Moga，Jake，Keyi，FNE，Naha，Shoka，Hadida 和 Sufyan 等 11 个油气田，累计探明地质储量 20 多亿桶，累计生产原油超过 2000 万吨。

2. 124 区项目

1996 年 11 月，中国石油联合国际石油公司共同开发 124 区项目，其中中国石油持股 40%，马来西亚国家石油公司（Petronas）持股 30%，加拿大 SPC 石油公司持股 25%，苏丹国家石油公司（Sudapet）持股 5%。至 2001 年底，在 5 年时间内 124 区储量发现超过了原雪佛龙、加拿大公司在该区近 20 年的勘探成果，新增储量单位成本低于国际平均水平。1998 年 6 月至 1999 年 5 月底，仅用一年时间就建成了年产 1000 万吨的大型油田。2001—2008 年，连续 8 年原油作业产量保持在 1000 万吨以上。随着 2011 年 7 月 9 日南苏丹独立，124 区项目被一分为二，成为苏丹 124 区和南苏丹 124 区，中国石油持股 40%。

3. 37 区项目

2000 年 11 月，中国石油联合投资伙伴与苏丹政府签订产品分成协议。2011 年 7 月 9 日南苏丹独立前，中国石油持股 41%，马来西亚国家石油公司持股 40%，苏丹国家石油公司持股 8%，中国石化持股 6%，Tri-Ocean 持股 5%。总面积 72421 平方千米，曾是中国石油在苏丹 3 个上游项目中面积最大的区块。2002—2004 年，苏丹 37 区相继获得重大发现，尤其是发现了地质储量亿吨级的法鲁济（Palogue）油田，使苏丹项目真正走向规模化发展。2006 年 7 月油田正式投产，2006 年 8 月第一船原油外运，标志着 37 区在短短 5 年多时间里，从雪佛龙公司放弃的区块完成了从边际油田到亿吨级油田的发现，再到顺利建成一千万吨级产能水平油田的大跨越。

2010 年 5 月，伴随着二期工程最后一个油田提前安全投产，苏丹 37 区已投产油田 11 个，全面建成了千万吨级大油田。随着 2011 年 7 月 9 日南苏丹独立，37 区项目分成苏丹 37 区和南苏丹 37 区。其中苏丹 37 区主要为原 37 区下游管道项目，原上游项目几乎全部在南苏丹 37 区，中国石油持股 41%。

4. 15 区项目

15 区产品分成合同于 2005 年 8 月 30 日签订，股东为中国石油、马来西亚国家石油公司等 5 个投资伙伴，中国石油拥有 35% 股份。合同区面积 24377 平方千米，包括海上和陆上两部分，海上部分约占整个合同区的 75%。经苏丹政府同意，中国石油和其他投资伙伴一起于 2012 年 5 月 7 日退出。

5. 13 区项目

苏丹 13 区项目是中国石油在苏丹的第五个上游勘探开发项目，也是在苏丹的第二个海上勘探项目。苏丹 13 区产品分成合同于 2007 年 6 月 26 日签订，股东为中国石油、印度尼西亚国家石油公司等 6 个投资伙伴，中国石油拥有 40% 的股份。合同区面积 27579 平方千米，包括海上和陆上两部分，海上部分约占整个合同区的 70%。经苏丹政府同意，中国石油和其他投资伙伴一起于 2013 年 10 月 8 日退出。

二、炼化项目

1. 喀土穆炼油项目

1997 年 3 月，中国石油和苏丹能矿部签约苏丹喀土穆炼厂建设项目，双方各持股 50%。1998 年 8 月，喀土穆炼厂开工建设，2000 年 5 月 16 日建成投产，一期年加工能力 250 万吨，2006 年 6 月 30 日二期扩建 250 万吨项目建成投产。喀土穆炼厂一次投产成功，结束了苏丹石油产品长期依赖进口的历史，建成了上下游一体化的现代化石油工业体系。目前，喀土穆炼厂原油加工能力 500 万吨／年，拥有世界上第一套加工高含钙、含酸原油的延迟焦化装置。

2. 喀土穆化工项目

喀土穆石油化工厂，中国石油持股 95%，苏丹能矿部持股 5%，于 2001 年 2 月 28 日开工建设，2002 年 1 月一次投产试车成功，该项目是苏丹第一个石油化工项目。喀土穆石油化工厂利用毗邻的喀土穆炼厂含有丙烯的石油液化气作为原料，加工生产聚丙烯树脂，年产 1500 吨 4 种规格的聚丙烯原料，经 2004 年扩建后，生产能力提高到 1.8 万吨／年；编织袋厂于 2004 年 4 月 16 日建成投产，年生产能力为 2000 万条标准编织袋。聚丙烯不仅满足了苏丹本国的需求，还可向邻国出口，苏丹进口聚丙烯的历史就此结束。

3. 石化贸易项目

中国石油于 2000 年 12 月注册成立了独资石化贸易公司，在苏丹开展成品油销售，现有成品油库 1 座、加油站 6 座、成品油年销量为 10 万立方米。

三、管道项目

中国石油在苏丹建设、管理和运营 3 条管道项目，包括 124 区管道、37 区管道和 6 区管道。124 区管道于 1997 年 3

月签署建设协议，1998 年 5 月开始施工，1999 年 4 月完工。中国石油仅用 11 个月时间就建成了一条贯穿苏丹南北、长 1506 千米、直径 28 英寸❶的长输管线及末站终端系统。该管道始于苏丹中南部的黑格里格油田，经喀土穆直达苏丹港，年输油能力 1500 万吨。1999 年 6 月 22 日，产自 124 区的原油进入长输管道，8 月 31 日输至苏丹港装船外运进入国际市场，结束了苏丹进口原油的历史。苏丹 124 区管道已于 2014 年 8 月 31 日移交给苏丹政府。37 区管道于 2004 年 10 月 8 日开工建设，该管道全长 1314 千米，管径 32 英寸，始于 37 区 Adar/Yale 油田，经喀土穆直达苏丹巴沙尔港，年输油能力 1500 万吨。该管道的建成使 37 区原油成功实现外输。南苏丹独立后，管道留在苏丹，上游分割给南苏丹。6 区稠油管道于 2003 年 4 月开工建设，2004 年 3 月投产。该管道全长 715 千米，管径 24 英寸，始于 6 区 Fula 油田，止于喀土穆炼厂，年输油能力 1000 万吨。6 区稀油管道与稠油管道合建，主要将 6 区稀油输往苏丹 124 区管道，然后输到苏丹港。稀油管道 2010 年初开工建设，2010 年 12 月投产，管道全长 97 千米，管径 12 英寸，年输油能力 200 万吨。

第二节　发展历程与发展战略

中国石油与苏丹政府石油合作的 20 年，是逐步适应苏丹

❶ 1 英寸 = 25.4 毫米。

国情和国际规范、调整生产经营策略、转变发展方式和实施艰苦创业的 20 年。回顾中苏石油合作发展历程，苏丹项目经历了探索创业、快速发展、规模发展和二次创业 4 个发展阶段，实现了从无到有、从小到大、从弱到强的历史跨越。

一、探索创业阶段（1995—1999 年）

对于初入苏丹石油开发市场的中国石油，通过 4 年的探索与实践，逐步适应了苏丹环境，进一步深化了与投资伙伴的合作，初步形成了国际化运营管理体系；落实了油气资源，建成了千万吨级油田，实现了原油外输和出口。

（1）探索国际化运营模式。1995 年 9 月，中国石油与苏丹能矿部签署苏丹 6 区产品分成协议，成为中国石油首个海外独资勘探项目，迈出了中国石油"走出去"战略的第一步。1996 年 11 月，中国石油中标苏丹 124 区石油勘探开发项目，开启了与国际石油公司合作的序幕。1997 年 5 月，中国石油、马来西亚国家石油公司（Petronas）、加拿大 SPC 石油公司与苏丹国家石油公司（Sudapet）共同组建了大尼罗石油作业有限公司（GNPOC），与苏丹政府共同签署了产品分成协议（EPSA）、管道建设协议（COPA）和原油输送协议（COTA），伙伴之间签署了联合作业协议、股东协议，以此作为政府及投资伙伴联合作业公司管理的基础。

1996 年 11 月 29 日，中国石油天然气总公司总经理助理、勘探开发公司总经理
吴耀文（左三）和合作伙伴，与苏丹政府草拟 124 区勘探开发产品分成协议

　　（2）探索先进成熟技术应用，建成千万吨级油田。项目
运作初期，中方确立了以技术优势赢得伙伴尊重和尽快熟悉国
际化规则的发展思路。在技术方面，面对恶劣自然环境和复杂
地质条件，中方地质学家和技术专家大胆创新勘探开发理论，
创立了被动裂谷盆地地质模式和成藏模式，采用快速评价方案，
落实发现储量；积极应用国内先进成熟适用技术，快速开展钻
井作业，发现规模储量并同步实施油田开发方案。通过实施以
上多种措施，仅用一年时间就实现了苏丹 124 区油田大规模发
现和有效开采，建成了千万吨级油田。

建设中的苏丹 124 区项目中心处理站

　　（3）学习国际化管理体系。积极学习西方公司的管理方式和理念，从管理到生产严格执行国际标准。HSE 方面，高度重视安全环保，按照国际标准成立了 HSE 部门，建立了 HSE 体系。监理方面，1999 年以后，中国石油按照联合作业公司的做法，开始聘请第三方担任监理，以保证生产监督的公平公正。同时中国石油还培养锻炼了一批具备国际化竞争力的中国工程技术服务和工程建设队伍。投资业务人员将在联合作业公司学习到的先进经验及时分享给乙方队伍，乙方队伍在参与投标、工程建设等实践中逐步提高自身水平。经过近两年的时间，中国石油乙方队伍已完全适应了国际管理模式，自身管理水平显著提高。

经过 3 年多的实践与探索，中国石油逐步掌握了国际化管理经验与做法，与投资伙伴逐步形成了默契，各方利益形成了统一，在管理与运营等各方面达成了共识。

二、快速发展阶段（2000—2002 年）

随着 1999 年下半年苏丹 124 区项目原油正式进入国际市场销售，中方与各投资伙伴之间的共同目标由尽快投产转变为加快上产，早日实现投资回收。这一阶段，中国石油的整体优势得到了更加充分的发挥，中国石油的乙方队伍经过探索创业阶段的磨炼，完成了国际化角色转变，已完全适应国际通用的监管标准，作业效率明显提高。通过各方的共同努力，2001年苏丹 124 区项目产量达到 1000 万吨，为中苏两国进一步开展石油合作打下了基础。

喀土穆炼厂

与此同时，一座由中国设计、中国建造、主要采用中国标准装备、具有国际先进水平的炼厂在苏丹首都喀土穆以北 70 千米的戈壁荒漠上拔地而起，实现一次投产成功，年原油加工能力达到 250 万吨，结束了苏丹石油产品长期依赖进口的历史。项目竣工时，苏丹总统巴希尔由衷感慨："苏丹石油工业的开创，做出贡献最大的是中国，干得最出色的是中国石油。"至此，苏丹上中下游一体化油气产业链初具雏形。

三、规模发展阶段（2003—2012 年）

2003—2012 年是中国石油在苏丹拓展领域和扩大规模的关键时期。随着苏丹 6 区项目、124 区项目、37 区项目开发相继取得进展，尤其是苏丹 37 区获得重大发现，中国石油在苏丹的油气产量再上新台阶。

1. 产能规模不断扩大

苏丹 6 区于 2002 年底开始建设，2003 年 11 月 8 日 Fula 油田投产，2004 年 3 月 15 日管道进油，7 月 26 日原油输至喀土穆炼厂，项目进入商业开发期；2004 年下半年开始 200 万吨／年产能及管道的二期扩建工程建设，10 月管道二期扩建工程全面建成投产；2008 年 4 月 29 日，苏丹能源矿产部批准了三期扩建方案，2010 年建成投产，6 区生产能力达到 300 万吨／年，原油首次实现了在国际市场销售。

6 区中央处理设施（CPF）

2003 年，苏丹 37 区油田勘探获得重大突破。2003 年 1 月，
37 区第一口探井 Palogue-1 井获得重大突破，试油日产量为
1700 立方米，拉开了快速勘探大油田的序幕。之后，用一年
时间探明了一个千万吨级的大油田。2004 年 7 月，千万吨级
油田正式开始建设；2006 年，37 区项目有效解决了高凝、高
黏、高蜡"三高"原油长距离安全输送的难题，7 月 25 日，
1000 万吨／年油田产能和 1314 千米输油管线建设正式投产，
成为苏丹项目继 124 区项目后建成的又一个千万吨级的大油
田。2007 年，37 区项目开始二期 500 万吨／年产能建设，并
于 2009 年投产，油田年产油能力达到了 1500 万吨。

37 区第一口探井

2. 合作领域由陆上拓展到海上

2005 年开始，中国石油在苏丹的油气合作领域从陆上拓展到红海合作区。苏丹 15 区累计完成重磁勘探 4682 千米，二维地震采集及处理 3992 千米，成功钻探两口探井。通过开展钻后地质综合评价，2012 年 5 月 7 日苏丹石油部批准同意中国石油自 15 区项目退出。2008 年，苏丹 13 区完成了海上采集和处理 5702 千米重力资料和 6246 千米二维地震资料；2012 年，陆上采集、处理了 3248 千米航空重力资料；2013 年，采集和处理了 519 千米二维地震资料。2013 年 10 月 8 日，苏丹石油部批准同意中国石油退出 13 区块。

3. 下游产业链不断扩展

为完善上中下游产业链，促进苏丹石油工业规模化、可持续发展，中国石油先后启动了喀土穆石油化工厂聚丙烯项目建设工程、喀土穆炼厂升级扩建工程以及喀土穆石油化工厂塑料加工项目，使得苏丹石油工业在中苏石油合作短短几年时间里又迈上了一个新台阶，实现了原油生产、储运网络以及炼化加工的规模化发展。中国石油一方面拓展上游勘探，不断增储上产；另一方面，一体化的同步升级促进了石油工业一体化的协调发展。在喀土穆炼厂的发展带动下，石化贸易公司和喀土穆石油化工厂先后在炼厂周边建成运营，同时带动电厂、国家免税贸易区落户，形成了一座绵延数千米的能源新城。至此，完整的一体化石油工业体系在苏丹建成，同时也标志着中国与苏丹石油模式的最终形成。

4. 南苏丹独立，石油合同拆分

由于历史原因，苏丹南北间的冲突一直影响着国家的安全与稳定。石油产量的快速提高，使苏丹从一个贫油国一举成为富油国，南北方的冲突随之转向为石油利益分配和对石油控制权的争夺。

2011 年 7 月 9 日，南苏丹正式从苏丹分离并获得独立。苏丹 37 区项目上游油田全部划归到南苏丹，南苏丹 37 区项目开始独立运营，主要负责油田开发生产业务。南苏丹国家石油公司（Nilepet）获得苏丹国家石油公司（Sudanpet）8% 的股权。2012 年 5 月，南苏丹 37 区项目成立后，苏丹 37 区项目主要负责下游管道和中心处理厂（CPF）业务。

中国石油喀土穆加油站

中国石油苏丹化工项目编织袋厂车间

中国石油苏丹化工项目聚丙烯生产装置

苏丹 124 合同区被拆分为苏丹 124 合同区和南苏丹 124 合同区。苏丹 124 合同区包括 2B 区全部面积、2A 区 98% 的面积、4 区 68% 的面积和 1A 区 3% 的面积（为成本回收和数据统计方便，1A 区面积并入 2A 区面积），已开发油田包括 Heglig、Taiyib、Bamboo、Hamra、Neem、Diffra 和 Canar 等 36 个开发单元，原油生产规模为 300 万吨／年。2012 年 1 月下旬，因南苏丹和苏丹关系恶化，南苏丹政府下令其境内油田全面停产。

遭受战争破坏的苏丹 124 区黑格里格油田

四、二次创业阶段（2013 年至今）

为实现南苏丹项目复产，集团公司领导提出了苏丹项目二次创业战略，苏丹项目经历了 3 年艰苦卓绝的奋斗，二次创业稳步推进。

1. 二次创业取得阶段性成果

2013年，苏丹项目确定了"全力以赴保复产、不遗余力促上产、集中精力抓商务、精雕细刻提管理、重中之重保安全"的工作思路。2013年4月，南苏丹124区和南苏丹37区正式启动复产程序，按照"先复产、再提产、后扩展"的"三步走"总体部署，不断优化和细化复产方案，在南苏丹交通落后、物资匮乏、油田设施损毁、工程技术服务队伍已多数撤离、员工极度短缺等不利条件下，4月13日和4月30日，南苏丹124区项目和南苏丹37区项目相继成功复产。6月22日，南苏丹复产后的第一船南苏丹37区原油从苏丹港顺利外运，南苏丹油田实现了全面安全复产。南苏丹油田复产，标志着苏丹项目进入二次创业的开局阶段，也标志着二次创业首要任务胜利完成。2013年底，南苏丹油田日产量提高至20万桶。

勘探获局部重大发现。苏丹124区项目在4区新发现Hilba油田；Azraq油田继续滚动扩大，新增4个含油构造；

2013年5月5日，南苏丹37区油田复产仪式现场

2 区滚动勘探也有新发现，Simbir-2 和 Garaad North-1 等探井相继获得高产。苏丹 6 区项目加强 Sufyan 地区的预探工作，新增 7 个含油构造；通过评价勘探，落实了 Hadida 油田储量规模，西部两个油田都已陆续投入开发；加强 Fula 凹陷滚动勘探，探索深层构造—岩性复合油气藏获得重要进展，FN ED-1 井和 Jake E-1 井相继在白垩系 Abu Gabra 组试获高产油流，证实了一个新的勘探领域。南苏丹 37 区项目和 124 区项目加强地质综合研究，明确了重点勘探领域，理清了勘探部署思路，准备了一批钻探目标，为恢复勘探作业做好了准备。

开发生产稳步推进。针对产量下滑的局面，各项目公司积极开展研究工作并制订针对性措施，通过部署新井、老井增油、新区块动用、运用新技术等方法，有效遏制了油田的快速递减及含水率上升，使原油产量保持稳定。

2. 二次创业顶层设计已趋科学完善

1）进一步丰富了二次创业内涵

实现二次创业的宏伟目标是一个跨越"十三五"，甚至更长时期的伟大使命。"十三五"是尼罗河公司推进二次创业新发展的关键期。未来 5 年，公司将步入新的产储量增长培育阶段、重大商务问题攻坚阶段、开源节流降本增效深水阶段和改革创新突破阶段。成功跨越这一阶段，公司在资源储备、发展能力、动力保障等方面将得到全面提升，将为实现二次创业宏伟目标奠定坚实的基础，从而进一步强化海外业务非洲战略布局，大力推动世界一流综合性国际能源公司建设。

2015年8月22日，尼罗河公司召开"以崭新的思维、创新的精神，
开创二次创业新辉煌"研讨会

2）科学研判了"十三五"和二次创业面临的形势

一是国际油价持续低位徘徊，公司生存发展底线受到威胁。二是两苏政局走势扑朔迷离，油区安保形势依然严峻。三是主力油田进入开发中后期，稳产上产难度进一步加大。四是经营环境日益恶化，公司可持续发展面临瓶颈。在直面维系生存的严峻挑战和困难的同时，尼罗河公司二次创业也面临难得机遇和有利条件。一是中国"一带一路"战略的实施为中国石油进一步加强与非洲石油合作提供了新的战略机遇期。二是南北苏丹安全形势迫于内外部压力有望缓解。三是集团海外油气业务"拓展非洲"的战略定位为尼罗河公司二次创业的发展提供了更加广阔的发展空间，泛尼罗河区域将成为公司业务拓展的重要潜力区。四是低油价为商务难题的突破创造了良机。

3）务实制定了发展战略及规划

坚持稳健发展方针，以提高质量效益为中心，大力实施资源、低成本和创新战略，继承弘扬大庆精神、铁人精神，持续提升国际化经营能力水平，以崭新的思维和创新的精神推动二次创业新发展，为集团公司建设世界一流综合性国际能源公司做出更大贡献。

为保证"十三五"和二次创业目标的实现，大力实施"三·三"工程，即资源、创新和低成本三大战略，筑牢企业文化、HSSE 和风险防控为重点的三大保障体系，推进公司的稳健发展。一是积极实施资源战略，实现三个接替。二是坚定实施低成本战略，提升三项能力。三是大力实施创新战略，推进三大创新。为保证三大战略的成功实施，要筑牢发展后盾，完善三个保障体系。完善企业文化保障体系，加强领导班子建设和党风廉政建设，推进大庆精神、铁人精神再学习再教育，发挥思想政治核心作用；完善 HSSE 保障体系，深化体系审核，强化责任落实，加强隐患治理，提升应急处置能力；完善风险防控保障体系，依法合规运营，防范地缘政治、财税、汇率、政府审计和法律纠纷等风险。

第三章
苏丹模式内涵与成功经验

经过 20 年跨越式发展，中国石油苏丹项目将大庆精神铁人精神与国际化运营管理相结合，凝练形成了一套独具特色的经营管理模式，大幅提升了中国石油的整体国际化水平和品牌形象，树立起中国石油乃至国有大型企业"走出去"的一面旗帜，取得了令人瞩目的成就，积累了丰富的经验。

第一节　苏丹模式的基本内涵

中国石油苏丹项目历经 20 年发展，形成了海外石油投资与运营管理的"苏丹模式"。它的基本内涵是国际化运营与中国石油特色管理的融合与创新，是中国石油互利共赢与合作发展国际合作理念的成功实践，是中国石油投资与工程技术、建设一体化和技术研发集成化优势的充分体现，是中国石油"奉献能源、创造和谐"的企业宗旨在海外业务发展中的完美诠释，是中国石油打造国际化和本地化人才队伍的成功探索，是中苏两国优势互补和精诚合作的杰出典范。

一、国际化运营与中国石油特色管理的融合创新

进入苏丹开展石油国际合作以来，中国石油一直在不断学

习国际石油行业最佳实践，遵循国际规则和国际惯例，并探索有效适用的管控模式，建立起既与国际接轨又有中国石油和苏丹项目特色的区域性跨国公司管理体制和运行机制，从而保障项目优质、高效和合规运营。

（1）规范化管理。设置满足国际化运营管理要求的组织管控架构，建立了规范标准的管理流程。

（2）本地化运营。发挥苏丹项目本地化运营管理作用，提升本地绩效和响应能力，推进员工本地化。

（3）专业化管理。强化新项目获取、全球风险勘探、大中型油气项目勘探开发建设生产及技术支持等方面的专业化管理，培育卓越运营和创效能力。

（4）市场化运作。按照国际准则和规范签订并执行合同，严格遵守资源国的市场竞争规则，严格按照资源国的法律法规运营。

（5）一体化服务与整体协调。成立中国石油驻苏丹地区协调小组，加强投资业务与工程技术，服务单位（即甲乙方队伍）内部的协调和沟通交流，切实发挥一体化的优势。

（6）以企业文化提升软实力。坚持党的领导，传承弘扬大庆精神、铁人精神，提升企业的核心竞争力，把中国石油的思想政治工作优势转化为国际化运作的比较优势，为苏丹项目可持续发展提供强有力的思想和行动支撑。

二、互利共赢、合作发展的成功实践

苏丹项目的发展离不开资源国政府、投资伙伴等利益相关者的配合与支持。苏丹项目在谋求投资回报的同时，始终坚持互利共赢、合作发展的理念。严格遵守当地的政策、法律和法规。倡导尊重、开放、兼容的跨国企业文化。注重企业内部不同民族、不同宗教间的文化融合，通过促进多元文化的融合，使具有不同文化背景的员工彼此理解和信任，相互欣赏和学习，不断提升员工队伍的凝聚力和创造力。大力推进本地化进程，帮助苏丹建立了一套完整的上下游一体化的现代石油工业体系，帮助培养人才，形成自我发展能力，努力推动当地经济社会发展。

中苏员工技术交流

三、投资服务一体化和技术研发集成化优势的充分体现

苏丹项目依托中国石油在人才、技术、资金等方面的一体化综合优势，坚持甲乙方统一协调、统一调度、相互促进、相

互支持的原则，提高合作项目运营效率，推动油气建设项目快速建成。特别在油田开发早期，投资业务项目公司（甲方）面临工期紧、任务重、资金和装备匮乏等诸多困难，中国石油的工程技术、建设等服务队伍能够以项目及时投产的大局为重，共商解决面临的困难，推动项目顺利开展。同时，中国石油苏丹项目注重发挥中国石油整体技术优势，充分依托国内各技术支持单位的专长，从勘探开发、管道炼化到投资环境研究等各领域均有相应的研究单位进行支持，积极推动科技进步与创新，组织实施了一系列海外重点、难点项目攻关研究和先进成熟技术的集成应用，为苏丹项目优质高效发展提供了强有力的技术保障。此外，在国内技术研究的基础上，苏丹项目还完善集成了以地质勘探、油气田开发、新项目评价、炼油化工等核心业务为主体的，包含被动裂谷盆地油气地质理论及勘探技术在内的优势技术系列，成为苏丹项目运营的核心竞争能力。

苏丹 124 区开发人员进行油藏地质研究

四、"奉献能源、创造和谐"的企业宗旨在海外业务的完美诠释

资源国对环境、生态等问题的关注日益加深，作为负责任的国际石油公司，中国石油在苏丹项目始终秉承"奉献能源、创造和谐"的企业宗旨，在支持当地经济建设、带动相关产业进步的同时，自觉投身到生态文明建设的事业中来，自觉履行环保责任。中国石油在苏丹所组建的各个联合作业公司均以国际标准来规范石油生产，各联合作业公司均通过了 ISO14001：2004 认证资质，以 ISO 国际标准来指导油田环境保护作业，并定期组织第三方审计，树立了中国石油负责任的国际石油公司的良好形象。中国石油与投资伙伴积极投入苏丹的公益事业中，通过向当地慈善事业团体和周边社区捐资捐款，为苏丹人民建医院、盖学校、打水井、铺道路、提供人道主义援助，受到苏丹人民的欢迎和赞赏。

五、打造国际化和当地化人才队伍的成功探索

苏丹项目始终坚持国际化人才队伍的培养是企业的核心竞争力这一宗旨，注重员工的业务能力、语言能力、商务管理能力、合作能力等 4 种能力建设，并以中国石油整体人才队伍优势为依托，坚持多渠道人才引进模式，为苏丹项目发展提供了宝贵的人才资源。苏丹项目在其发展中探索建立的相关制度、模式和经验，已经成为中国石油海外业务人力资源管理的典型模式。

六、中苏两国优势互补和精诚合作的杰出典范

胡锦涛主席为苏丹项目的题词是："中苏合作的典范"。

吴邦国同志访问苏丹，视察苏丹项目喀土穆炼厂，在调研苏丹项目后欣然题词："艰苦创业楷模，中苏友谊丰碑"。苏丹总统巴希尔说："苏丹石油工业的开创，做出贡献最大的是中国，干得最出色的是中国石油"。他还多次称赞："中国石油不仅给我们带来了石油，也带来了和平"。

中苏石油合作模式的成功还在非洲形成了巨大的示范效应和连锁反应。2007年，乍得石油部与中国石油正式签署恩贾梅那合资炼厂建设协议，炼厂采用中国的设计规范、制造标准和机械设备，并由中国石油负责全部工程建设；同年，阿尔及利亚国家石油公司与中国石油合资建设的阿德拉炼厂竣工投产，并实现一次试车成功。这些项目扩大了中非合作范围，对发展中非关系具有长远战略意义。

第二节　苏丹项目的成就及成功经验

一、项目成就

20年来，苏丹项目广大干部员工克服安全形势严峻、自然条件恶劣、社会依托匮乏等重重困难和挑战，发扬大庆精神、铁人精神，艰苦创业、顽强拼搏，历经创业探索、快速发展、规模发展、二次创业四个发展阶段，取得了突出的业绩和丰硕的成果。

（1）促进了苏丹和南苏丹经济发展与社会稳定，巩固和深化了中苏传统友谊，维护和发展了中南关系。胡锦涛、吴邦

2015 年 9 月 2 日，苏丹共和国总统巴希尔（左）访问中国石油天然气集团公司
并拜会中国石油集团董事长王宜林（右）

国、李长春等党和国家领导人曾视察过苏丹项目，胡锦涛总书记为苏丹项目题词："中苏合作的典范"。苏丹总统巴希尔说："苏丹石油工业的开创，做出贡献最大的是中国，干得最好的是中国石油！"南苏丹总统基尔说："患难见真情。"

（2）帮助苏丹建立了完整的上下游一体化现代石油工业体系。秉承"平等相待、真诚友好、合作共赢、共同发展"的中非合作理念，帮助苏丹建立了一套集勘探开发、管道运维、炼油化工、成品油销售、工程作业服务为一体的完整的现代化石油工业体系。

（3）积极履行社会责任，树立了中国石油良好的国际品牌和形象。积极推动员工本地化进程，累计创造 8 万多个就业岗位；制订长期培训计划，为苏丹和南苏丹培养了一大批石油管理和技术人才；在文化、教育、农业、医疗卫生等公益领域的捐助超过 1.2 亿美元，援建学校 103 所，援建维修医院、诊所 76 所，打水井 400 多口，修建多处道路、桥梁、水利设施，受益人数超过 200 万。2011 年南苏丹独立后，面对苏丹和南苏丹冲突，尼罗河公司充分发挥桥梁纽带作用，积极参与国际社会，特别是非盟主导的调停工作，大力推动促和复产，有力促进了中南关系的发展。

（4）发挥一体优势，建成了中国石油最重要的海外石油合作区之一，实现了良好生产经营业绩。发挥集团公司一体化优势，发扬"四特"队伍的光荣传统，仅用 18 个月，完成了苏丹 124 区千万吨级油田建设；仅用 11 个月，建成了贯穿苏丹南北 1506 千米的苏丹 124 区油田到苏丹港的输油管道；仅用 20 个月，在一片戈壁荒滩上建成了喀土穆炼厂；实现了南苏丹千万吨级油田停产 15 个月后一次性安全复产；妥善应对了南苏丹与苏丹分离的石油权益纷争。20 年来，累计生产原油 2.84 亿吨；地质储量增长了近 9 倍，可采储量增长了 10 倍；累计加工原油 6000 多万吨，生产成品油 5400 多万吨。

（5）培育了国际化特点与大庆精神兼备的五种文化。20 年创业发展中，坚持把大庆精神、铁人精神与国际化运营管理有机融合，形成了"忠诚国家利益、恪守国际准则、追求专业专注、崇尚互利共赢"的国际化行为准则，并成为全体员工的自觉行动和习惯。同时，形成了为国争光、为中国石油争荣的爱国奉献文化，关心海外员工及家属的温暖关爱文化，与资源国合作发展的互利共赢文化，与合作伙伴相互尊重的和谐融合文化，关注生命与健康的人本安全文化。

（6）培养锻造了一支精干高效的国际化人才队伍。苏丹项目通过成功的国际化运作，为中国石油培养了一支具有全球视野、专业素质、担当精神、勇于献身海外、熟练掌握专业技术，熟悉项目管理、法律、商务、懂外语的国际化人才队伍。尼罗河公司累计向其他海外项目输送各类高素质技术、管理干部 500 多人，其中项目总经理以上干部 40 多人（占项目总经理人数的 50% 以上），骨干及副经理以上 230 多人。

（7）提升了海外业务应对重大突发事件的能力，未发生重大安全生产和环保责任事故。建立了两级决策（喀土穆／朱巴与油田现场）、四级负责（苏丹与南苏丹应急工作领导小组、各单位应急工作组、油田现场应急协调小组、各单位现场应急组）的应急组织机构，以及与联合作业公司应急体系对接的四个应急平台，成功应对了多次重大危机。秉承"奉献能源、创造和谐"的企业宗旨，严格遵守资源国环境标准，建立并不断完善 HSE 管理体系与应急保障机制，未发生重大安全生产和环保责任事故。王宜林董事长说："20 年来，苏丹项目从未发生重大安全生产和环保责任事故，没有造成产生重大影响的安全环保事件，实属不易。2015 年的南苏丹"5·20"事件中，尼罗河公司 30 个小时紧急撤离 477 名员工，在国际上都产生了影响，充分体现了应急管理水平，提高了集团公司应对重大突发事件的能力，也为我们国家的对外合作积累了相应的经验。"

喀土穆炼厂

二、成就经验

苏丹项目 20 年取得的辉煌业绩，主要得益于国家改革开放的大政方针，得益于中国石油集团党组国际化战略的决策，得益于坚持发挥党的政治核心作用和矢志弘扬大庆精神、铁人精神，得益于充分发挥集团公司一体化整体优势，得益于恪守国际准则依法合规运作，得益于尼罗河公司历届领导班子坚强领导以及一批批尼罗石油人的艰苦创业和赤诚奉献。

（1）必须始终坚持服从和服务于国家战略合作大局。苏丹项目被誉为"中苏合作的典范"，有力地推动了资源国经济和社会的发展，它的成功与我国政府长期致力发展深化中苏关系密不可分。当前，南苏丹与苏丹都希望中国在推动其经济发展和解决两苏冲突方面发挥更重要的作用，石油合作作为两苏的经济支柱必将为进一步促进中苏和中南传统友谊的不断深化，加强中国与两苏间外交和经贸关系发挥更重要的作用。

（2）必须始终坚持"合作共赢、共同发展"的义利观。习近平主席在中非合作论坛上总结中非友好历久弥坚、永葆活力的根本原因，"在于双方始终坚持平等相待、真诚友好、合作共赢、共同发展"，这也是中苏石油合作 20 年取得丰硕成果的根本原因。只有不断提升质量效益，才能奠定可持续发展的基础，实现与资源国长期合作共赢。

（3）必须始终坚持创新思维与稳健发展相结合。面对复杂多变的投资环境和无前车之鉴的风险，能够正确应对危机、推动商务问题有效解决、妥善处理与政府及合作伙伴关系，只有依靠解放思想、创新思维，把握机遇，突破发展瓶颈。同时

尼罗河公司在联合国全球契约组织苏丹会议上发表社会责任报告

要认真汲取对南苏丹与苏丹分离带来冲击和风险认识不够的教训，越是复杂形势下工作部署应更加周密，应对策略和举措应更加务实，才能确保行稳致远。

（4）必须始终坚持继承和发扬大庆精神、铁人精神和苏丹项目艰苦奋斗、赤诚奉献的优良传统。成功将中国石油特色文化同国际化管理有机融合，把党建工作与生产经营、安全环保等工作同部署同开展，将政治优势转化为保障安全、推动发展的强大动力，将大庆精神、铁人精神铸就成为苏丹、南苏丹项目的核心竞争力，为二次创业汇聚起了强大正能量。每当两苏项目发展面临重大时刻、关键时期，无不是尼罗石油人迎难而上、冲锋在前，矢志不渝、无私奉献，把对祖国的忠诚和企业的热爱化作赤胆忠心。

第二篇

竞争文本

第四章
国际化运营与管控模式

　　苏丹政府与中国石油的合作项目，勘探开发上游业务采用了国际通行的产品分成模式，炼油化工下游业务则创造性采用了固定回报模式。中国石油通过充分利用国际惯例、协议规则和有效的管控模式，获得了投资方与资源国的双赢，积累了成熟的经验和做法。

　　苏丹项目在管控模式上十分注重管控构架的设置，坚持严格管理与务实高效并重，实施以业务为导向的专业化管理。坚持以项目公司为主体，以项目合同为核心，建立了一套国际化、专业化、规范化的运营管理和控制模式。

第一节　产品分成与固定回报模式

　　产品分成作为一种石油合同模式在 20 世纪 90 年代中期低油价的环境下对资源国吸引投资者十分有意义。中国石油在与苏丹政府合作过程中，在准确理解和充分运用产品分成协议条款的基础上，成功运营了各个合作项目，给资源国和投资者都带来了丰厚回报，取得了双赢的结果。

一、产品分成协议

现代形式上的产品分成协议从 20 世纪 60 年代起在印度尼西亚开始流行，并在许多发展中国家和新开放国家中很快成为一种普遍的合同模式。它主要具有如下特点：

国际石油公司自担风险、共担费用，并受资源国控制；所生产的石油，除国际石油公司作为成本回收和利润分成而获得的部分之外，石油所有权归资源国。国际石油公司有权根据产品分成协议，以合同区产出的部分石油回收其合法成本；成本回收后，资源国和国际石油公司将根据事先规定的比例对剩余产量进行分成。同时，根据成本回收机制，设备和设施的所有权在完成安装或建设之时或回收完成后归资源国所有。

苏丹石油协议属典型的产品分成协议，其基本特点是：外国投资集团承担区块内石油勘探、开发、生产、运输的全部投资义务。如无商业生产，投资集团内部按该项目权益比例承担投资风险；如有商业生产，产出油气按协议规定的比例分为成本油和利润油，分别用于投资伙伴团的成本回收和利润分成。在一些核心内容上，主要的规定包括：

（1）在合同期内，合同区按照勘探区和开发区确定不同年限。在合同执行中，经向政府申请，勘探区块可进行了多次延期。

（2）在油气定价上，采用美元／桶为计量单位的原油净回价作为油价基础，按季度进行成本油分配调整。原油净回价等于码头销售点原油出口离岸价减去管输费。原油出口离岸价为季度实际原油销售价格的加权平均值。天然气价格由投资伙伴和政府共同成立风险投资公司，通过友好协商进行确定，天然气要优先供应苏丹国内市场。

（3）在成本回收与产品分成上，自协议生效之日起发生的所有勘探支出、开发支出和操作费用都可以通过成本油进行回收。各合同区块的成本可进行累计，从区块油田投产之日起，通过相应区块（篱笆圈）的成本油进行回收，但不能跨区块回收。勘探和开发支出属于投资性支出，必须分 4 个日历年度进行回收；操作费用属于费用性支出，可在发生的当年进行回收。如果当年成本油量不能满足成本回收需求，剩余未回收成本转入下一年度进行回收；如果成本油在成本回收后有余量，则剩余成本油完全归政府所有。根据协议条款，勘探区块、开发区块采取不同的成本回收和利润分成比例。

二、固定回报模式

在炼厂合作上，中国石油与苏丹政府创新性地采用固定回报模式，这种回报模式在当时外国投资者普遍不积极投资非洲下游业务的情况下是一个很大的创举，既满足了投资者稳定的回报预期，又能给资源国带来技术力量支持，对炼厂的长期稳定发展起到了关键性作用。

喀土穆炼厂是中国石油与苏丹能矿部（现为苏丹石油部）各以 50% 的股份合资建设的苏丹境内最大的炼油企业，是中国石油在海外合资建设的第一个石油下游项目。炼厂经营模式属于 BOT（建设—运营—移交）合同模式，实质上是一个加工型企业，既不负责原油采购，也不负责成品油销售，相当于来料加工厂，所有的事项都是由中苏双方共同商定，形成了一套完整的合资公司内部控制监督管理体制。中方在整个炼厂建设和运营中主要提供初始资金、炼油技术、各种管理和操作人员。固定回报期内，苏丹石油部按照一定的内部收益率支付中方的投资本金和报酬。

固定回报模式的特点是，中方投资收益采取固定回报的方式，即回报期内不管加工量的多少，苏丹石油部按月支付回报义务。此种模式下炼油项目经济效益受原油及成品油市场变化影响的因素较少，其收益水平不随油价变化，使炼厂规避了原油购买及产品销售方面存在的风险，为中国石油在炼厂项目上获取较好投资回报提供了保障。

炼厂一期项目的投资回报期为 15 年，分 3 个阶段，每个阶段 5 年时间，石油部每月向中方支付一定的固定报酬，3 个阶段的固定报酬额度不同。15 年共支付投资回报数达到合同约定的内部收益率。15 年回报期满后，中方在一期项目的股份降到 10%，每加工一桶原油，苏丹石油部再向中国石油支付一定的额度。喀土穆炼厂二期项目的投资回报方式与一期项目相似，投资回报期为 11 年，回报期满后，中方在二期项目将不再持有股份。

除固定回报外，炼厂每年所需的炼油加工费和零星资本性支出均由苏丹石油部负责拨付，中方没有任何支出。炼厂的原油采购和成品油销售也由苏丹石油部负责，炼厂只负责原油的加工环节。

过去 20 年，喀土穆炼厂为苏丹提供了稳定、充足的成品油供应，满足了苏丹的最大利益。对中方而言，没有了上游油源和下游销售的顾虑，能够更好地专注于炼厂的日常运营，对炼厂的安全平稳生产十分重要。总体上，这种炼油合作模式使苏丹成为非洲国家中为数不多的成品油能够满足国内需求，甚至能对外出口的国家，对促进苏丹经济社会的发展起到了关键性作用。

第二节　国际规范的管理模式

苏丹项目是中国石油学习并实践国际化管理经验最成功的项目。进入苏丹市场以来，中国石油一直在不断学习和探索有效的管控模式，以期在平衡各投资伙伴利益关系的同时，保障公司高效、稳健和依法合规运营，并在此过程中逐渐形成和发展了一系列具有苏丹项目特色的较为成熟的管控经验。

中国石油在苏丹的合作项目均为合资项目，通过联合作业公司形式开展作业。联合作业框架下，项目运作组织架构分为三级，即政府和伙伴、伙伴之间、联合作业公司3个层级。在联合作业的管理体制下，任何伙伴都没有绝对控制权，而是要联合研究、共同决策。

联合作业公司是完全按照国际规则和惯例管理运作的公司，公司内部建立了一套完整的监督与约束机制，保证了公司健康有效安全发展。

一、组织机构设置科学，体现互相监督的原则

联合作业公司的组织机构在强调层次精简的基础上，强调

利益平衡，互相监督。从纵向上分为 4 个管理层，即总裁和副
总裁、大部总经理和副经理、部门经理和副经理、分部经理和
业务主管。重要岗位按照投资伙伴的参股比例进行分配。这种
权利分配在管理层中获得了较好的利益平衡，各投资伙伴都力
求把精英人才安排在这些岗位上，以更好地维护自己和各利益
方的关系。其他岗位人员实行交叉任职，每个人的上级和下级
原则上不得来自同一个投资伙伴，以便于互相监督。

二、联合作业公司授权内重大事项的决策权归于专门委员会

在联合作业公司中，管理委员会（MC）、招标委员会（TC）、
人力资源委员会（HRC）、预算委员会（PBC）和健康安全委员
会（HSE）等决定着公司的重大事项。各委员会的组成人员来
自不同投资伙伴的雇员，有着很强的代表性。在某方原定有关
人员缺席的情况下，可授权该投资伙伴在联合作业公司工作的
其他代表行使有关权利。如在评标委员会中，如果无某方代表
的签字，则评标结果将不会被该缺席方的投资伙伴轻易批准。
在各委员会讨论的事项中，一般事项需要获得一定股权比例以
上的投资伙伴同意和政府的批准，重大事项需要所有投资伙伴
和政府批准，方可有效。

联合作业公司管理委员会（MC）是公司重要的议事决策
机构，由总裁、副总裁和上游、下游、行政 3 个大部总经理组
成，公司法律部经理担任秘书。管理委员会会议每周召开一次，
对联合作业公司的重大事项进行讨论。会上充分发扬民主，联

合作业公司高级管理人员以平等的身份参与相关议题的讨论，总裁也只是作为管理委员的召集人参加会议。委员会采取表决制，对于紧急事项总裁拥有最后决定权，但事先应充分征求其他委员意见。分级授权管理制度使各级管理人员权限分明、责任明确，大大提高了工作效率。分级授权制度要求各级管理人员各尽其责，不能越位，上级不能干涉下级职权范围内的决策，下级不能越级汇报。

三、董事会在联合作业公司重大事务上拥有决策权

联合作业公司设董事会，董事会的董事由各股东分别指派。董事会除履行重大事项如工作计划和预算的最终决策权外，还就联合作业公司作业活动中的重大问题提出指导意见或做出决议，对公司的管理层直接起到监督和督促作用。

四、严格的管理制度和严谨的工作程序保证联合作业公司健康发展

联合作业公司在计划财务管理、会计管理、采办管理、合同管理、人力资源管理、信息通信管理以及行政事务管理等方面有一整套行之有效并得到严格执行的规章管理制度和工作程序，保证了公司健康规范发展。严格的制度和严密的程序避免了工作人员从中牟利，使业务管理更加科学，最大限度地控制成本和压缩投资。这些管理制度的出台要经过自下而上、自上而下的讨论、修改和完善，一旦得到批准，公司全体员工包括承包服务公司都要严格执行。

五、规范的合同招标流程最大限度保护联合作业公司利益

联合作业公司对物资采购和合同招标有着严格而具体的规定。超过一定金额的技术作业服务、物资采购以及项目开发要立项进行公开招标。合同策略和进入短名单的投标商要上报到政府和各投资伙伴批准,同时各投资伙伴还可以推荐投标商,扩大招标范围。政府和投资伙伴批准后,联合作业公司才能向投标商发邀标文件进行投标。

六、相互制约机制保障了决策过程的公平公正和有效执行

在联合作业公司,重要岗位是按照股权比例分配的,这些岗位的员工首先要忠于其投资伙伴,维护其在联合作业公司的利益。但同时他们又是联合作业公司的一员,忠于联合作业公司也是他们义不容辞的责任。在出现矛盾和问题时要本着民主的原则摆事实、讲道理,以理服人、以事实服人,如果还不能达成一致,就要按照程序提交公司相关委员会进一步讨论,并依照表决结果做出决定。对于一些无法在联合作业公司内达成一致的重大决定,联合作业公司将提交各投资伙伴或要求召开联合作业委员会进行协商,达成一致。总之,联合作业公司这种透明、公开、民主的相互制约机制充分保证了各项决策的公平公正和顺利执行。

第三节　设计科学的内部管控体系

有效的管控模式，是确保企业战略目标实现的关键因素，有利于形成权责明确、管理科学的内部管理体制。企业在国际化经营中形成适应国际市场要求的管理体制和运行机制，是其国际竞争力的重要体现。建立国际化管控模式需要基于企业的实际情况，结合发展战略和所处环境，明确核心业务，梳理管理流程和权限，才能推进企业高效可持续发展。

苏丹项目历来非常注重管控流程和制度的建设，在充分借鉴国际石油公司管控模式的基础上，结合各项目的实际情况，针对勘探开发、计划财务、采办管理、合同法律、行政管理和人事管理的核心业务，与其他投资伙伴共同开发和制定了一系列达到国际标准的公司管控制度，确保所管理的作业公司管理规范化、科学化，有效促进公司生产经营的高效、稳定发展。

苏丹项目创建并推行的这套制度，不是国内外既有制度的简单移植，而是一套既符合国际惯例，又适应苏丹当地实际的适用性很强的制度。制度的核心是岗位职责规范化、分级授权以及惯例的流程化，重在以人为本。

一、勘探开发管理

勘探开发业务作为石油公司油气产业的核心业务，是决定油气业务发展的重要基础。苏丹项目在发展过程中，随着规模不断扩大，为了实现勘探开发业务集约化、专业化、一体化整体协调发展，通过逐步理顺和建立业务流程，明确各岗位的管理方式和职责范围，在公司管理规定汇编中专门制定了《勘探开发业务管理规定》，构建了一套科学、有效、合理的勘探开发管理体系，对勘探、地质风险评价、人员职责、远期评价和勘探开发工作流程均制定了一套严格的程序。

二、经营管理

经营管理是公司日常运营的基础和核心工作，也是反映一家公司管理水平和效率的重要体现。苏丹项目针对日常经营管理的关键环节，将计划财务、采办、合同法律和行政管理的流程、权限和职责等进行了详细的规定和明确，确保公司经营合规、受控。

计划财务方面，联合作业公司"无赢利、无亏损"（No gain,No loss）的运营特点，决定了收支两条线的制度能够得到严格执行。联合作业公司建立了一套完整的工作计划和预算（简称 WP&B）及费用支出授权（简称 AFE）的制度和规定。联合作业公司财务部门的工作特点，就是为了保证油田作业、生产及管理需要，搞好资金筹措和运营。油田生产的原油输送到港口装船外卖，收入全部归政府和投资伙伴，与联合作业公司不发生资金收支关系。联合作业公司通过筹款制（Cash Call）和费用支出授权制（AFE）等国际通行的财务管理方法和定期的审计制度，有效地保证了对公司内部财务管理的有效监控，既确保商务决策快速、高效和优质，又保证了合作方的有效监督。采办方面，通过组建招标委员会并制定工作程序来规范招标行为，提高招标委员会决策效率。其中招标委员会的职能是，负责对公司运营所需物资采买及服务供应方面做出决定，对合同、招标工作组、评估标准、招标时间和授予合同等关键事项进行审批；对采购的方法、审批、招标和评估、支付等均做出严格规定，同时对采购人员的职业道德和规范及供应商具备的条件做出明确的要求。

合同法律方面，制定合同管理办法，分别对合同的谈判、起草、审查、签署、履行、变更或终止，合同争议与纠纷处理甚至已签订合同和已终止合同的保管，以及合同期延长、银行担保、保密性等其他关于合同条款审查的特定方面，都做了详细的规定和说明。要求业务部门在合同签署前对当事人的主体资格、商业信誉、履约能力进行严格审查，并对合同技术条款及与其业务相关的合同内容，对合同技术条款的完整性、可行性、经济性，产品的安全性、可靠性及价款的合理性负直接责任；采办部门负责审核合同价格构成的合理性以及合同采办程序的规范性和合规性；财务资产部负责审查合同资金来源和资产用途、使用方式的合法合规性以及合同资金结算、款额支付方式的明确性和合法合规性；法律事务部对合同条款的合法合规性、完整性、严密性和准确性负责，并对重大疑难复杂合同的审查提供法律支持。

行政管理方面，专门成立管理委员会负责行政工作，尤其对行政管理的授权做了详细规定，包括授权涉及的层级：总经理和部门经理两级；授权的权利限定：总经理向副总经理授权，部门经理向部门副经理授权，并对授权的监督和接受授权的范围都有很明确的操作规则。此外，对于其他行政工作，苏丹项目对日常行政事务管理、公务出行规范、办公用品采购和监督等都进行了规范。

三、人力资源管理

人力资源管理的重点是人事政策管理和薪酬管理，通过调研比较、科学分析等方式，结合苏丹的实际情况制定了一套既公平、合理，又兼顾公司长远发展和竞争力的人事管理和薪酬制度，为公司发展提供了人才保障。在人事政策管理方面，苏丹项目通过提供一套健全合理与公平竞争的人事政策以吸引人才、稳定队伍，并激励员工努力为实现公司的目标而有效工作。为此，在公司人事政策上，对有关人事管理的人员计划、雇佣条例、雇佣合同、社会保险、培训、休假等各方面均有明确的规定，包括对苏丹当地雇员也有专门的条款。在薪酬管理部分，公司专门聘请了有关薪酬方面的咨询公司进行了大量调研，通过采用对标、调查等方法，在国际人力资源管控制度的基础上，结合公司组成和运营的实际情况制定出一套适合苏丹项目公司实际情况的薪酬管理制度。此外，公司还对员工的补偿、带薪假期、医疗、住房、各类津贴等福利待遇及业绩考核、纪律处分等做了详细规定。

第五章
一体化协同发展模式

苏丹项目充分借助中国石油资金、技术、人才及油气勘探开发、炼油化工、管道运输、市场营销、工程技术、工程建设、装备制造、服务保障等方面的整体优势，坚持统一协调、统一管理、相互支持、相互促进的原则，甲乙方配合、国内外统筹，保障了苏丹项目的优质高效发展。摸索出以上下游一体化、技术服务一体化为代表的综合发展模式。苏丹一体化发展模式是苏丹项目管理模式的核心模式，是苏丹项目取得成功的重要经验和制胜法宝，在非洲其他国家得到认可和推广。

第一节　苏丹项目上下游一体化模式

与多数非洲国家相似，苏丹在获得石油发现成为产油国后，迫切期望建设炼厂以实现国家能源独立，改变单一出口原油的发展模式。但受制裁的影响，西方石油公司纷纷退出苏丹市场，其他一些外国中小石油公司不愿意也没有能力为苏丹建立下游炼化产业。

中国石油在苏丹的油气业务，一直秉持互利共赢合作发展的理念，在从事上游资源开发的同时，依托母公司优势，根据资源国的需要提供石油上下游一体化的整体解决方案，帮助资源国建立完整的石油产业链，取得了良好的社会效益和经济效益。这种以"上游带动下游、下游推动上游"为主要内容的石油上下游一体化发展策略，是中国石油海外业务发展中形成的独特优势和模式，上、下游两者互为依托、相互促进，既满足了资源国建立石油工业要求，又实现了企业的快速发展，取得了双赢的结果。

苏丹石油合作上下游一体化模式具有以下特点：

（1）立足资源国，谋求互利双赢。苏丹石油资源潜力大，但炼油能力不足、炼油设施陈旧、成品油输送和销售网络落后，市场严重供不应求。在资源国有强烈合作愿望的前提下，中国石油以一定的合同模式参与了上下游合作，奠定了可持续发展的基础。特别是喀土穆炼厂的合作模式是在外国投资者普遍不愿意投资下游的情况下，与资源国共创的一种新型合作模式。既保障了双方的利益，又实现了下游项目的长期稳定发展，尤其对资源国意义重大。

（2）以多种合资方式参与苏丹政府上下游合作。在上下游各项目中，中国石油以参股、控股和绝对控股等合资方式进入苏丹上下游市场。各项目采用不同的合资方式，主要有以下几方面的考虑：一是为确保运作规范，弥补国际经验的不足，主动与早期进入国际市场的西方石油公司合作有利于快速建立一套符合国际标准的管理和制度体系；二是解决资金问题，分散投资风险。当时国际石油市场油价十分低迷，经历了多年低油价后石油公司都面临巨大的资金压力，采取多投资伙伴的合作方式既解决了筹资困难问题，也分散了投资风险，在当时环境下有着十分重要的意义。此外，即使是一些风险较小的项目，通过出让少数股权引入合作者，可以变竞争对手为投资伙伴，最大限度发挥各自优势，实现共赢。因此，依据项目的不同特点采用不同的合作模式，是在当时投资环境下取得成功的重要手段。

（3）以渐进式方式扩大在苏丹的合作。苏丹项目在当时处于国际化起步阶段、国际油价低迷等困难和挑战，为确保项目成功，采取了稳健的渐进式经营策略。在参与 124 区项目之前，先在上游投资了 6 区项目，通过开展初步合作积累在苏丹运营的经验。在条件相对成熟后重点发展苏丹 124 区，由勘探开发、钻井工程到油田工程、管道建设，发挥综合一体化优势建成千万吨级大油田，迅速收回全部投资；在上游取得成功的同时，才逐步进入炼油、石油化工和成品油销售等下游领域。总体上，上下游一体化业务的发展过程就是由小到大、由点到面，逐渐融入苏丹石油上下游产业链的各个环节。

（4）以工程总承包（EPC）模式与苏丹合资兴建炼厂，实现了效益最大化。中国石油依托整体优势，在苏丹炼油项目建设中对整个工程的设计、材料设备采购、工程施工实行全面、全过程承包。炼厂使用中国常压渣油催化裂化技术，全部装置在中国制造，并由中方总承包建设，投产后前 8 年生产运营、经营管理都以中方为主。通过总承包模式，把中国的技术、物资、设备与服务带入国际石油市场，带来了良好的经济效益和社会效益。

苏丹 124 区项目和苏丹炼油项目是石油上下游一体化发展模式的最早实践者，是中国石油在海外第一个上下游一体化项目。事实证明，经过尼罗河公司的出色管理运营，该模式取得了巨大的成功。上游项目合作方包括中国石油、马来西亚国家石油公司、加拿大塔利斯曼石油公司（其股份后被印度石油天然气公司收购）和苏丹国家石油公司。上游 124 区项目为苏丹的主产油田，拥有千万吨级的生产规模，与之配套的下游喀土穆炼厂拥有 250 万吨／年的加工能力（后加工能力扩建至 500 万吨／年）。喀土穆炼厂的建成，结束了苏丹石油产品长期依赖进口的历史，实现了上下游一体化的现代化石油工业体系。下游业务的发展对推动上游业务合作发挥了决定性作用。承诺建设喀土穆炼厂，为后来中国石油在苏丹获得苏丹 124 区项目的作业权发挥了重要作用。

124 区哈穆拉（Hamra）油田

喀土穆炼厂夜景

实践证明，上下游一体化模式，推动苏丹124区项目和苏丹炼油项目取得了巨大的成功。苏丹124区和喀土穆炼厂上下游一体化项目的发展，巩固了中国石油在苏丹的优势地位，积累了在资源国开展石油合作的宝贵经验，为拓展苏丹市场夯实了基础。此后，中国石油在苏丹又陆续中标苏丹37区、15区和13区，推动苏丹项目快速实现了规模发展。

第二节　工程技术、工程建设服务一体化模式

投资业务带动技术服务共同发展，是中国石油海外业务发展的核心竞争优势之一。在海外业务发展过程中，中国石油形成了涵盖勘探开发、生产作业、管道炼化的一整套完整的技术服务力量，带动了工程技术、工程建设、装备出口、国际贸易业务走向国际市场。这种整体技术服务能力所形成的协同优势，

对中国石油成功"走出去"发挥了十分重要的推动作用。

中国石油在资源国承担的项目大多是自然条件艰苦，后勤存在困难，任务艰巨、工期紧迫的项目，在担任海外大型合作项目作业者时，通过公开招标竞争，同属中国石油的工程技术服务、工程建设企业凭借技术、业绩、服务、价格等自身的竞争优势，在众多竞争者中脱颖而出，成功中标重大石油工程项目。在工程技术、工程建设服务单位承担建设任务时，凭借多年与甲方在国内的合作经验，能够很快领会甲方的意图，双方沟通畅通无阻，工作协调配合紧密，项目有条不紊快速开展，将中国石油的技术服务一体化优势发挥得淋漓尽致，高质量、高速度帮助苏丹快速建成石油工业，取得了巨大的成功。工程技术、工程建设服务单位在为海外项目提供优质服务和坚强保障的同时，也成就了国际化发展事业。

一、工程技术服务一体化的具体内容

（1）队伍一体化。例如，苏丹37区勘探时，在西方石油公司认为是边际油田退出以后，中国石油物探局（现名东方物探）和长城钻探的两支钻探队伍，前期垫付资金，利用在苏丹已有的设备和人员，直接为37区项目开展工作。此外，在2000年2月和2001年3月，中国石油两支物探队先后遭遇恐怖袭击和地雷爆炸，设备和人员安全受到极大威胁。但中国石油的参建队伍并没有因此退缩，仍继续坚持工作。这是西方技术服务队伍无法做到的。

苏丹 37 区勘探施工

（2）人员一体化。苏丹项目早期采用人员借调模式，前线作业人员来源于国内各油田和其他企事业单位，包括物探局、管道局、华北油田、中原油田、胜利油田、江苏油田和兰州炼化、独山子炼厂等国内 20 多个企事业单位，共同为苏丹项目提供人员支撑和保障。广大员工虽然隶属于不同单位，来自四面八方，但在中国石油大旗下有共同的归属感和使命感，共同践行大庆精神、铁人精神，都具备英语好、技术强、能吃苦的品质，在苏丹项目前期起到了骨干作用，为苏丹项目的建设做出了巨大贡献。

（3）装备一体化。在苏丹项目前期作业过程中，采用了大量经过严格国际标准验收认证的国内装备，包括管线、炼厂、油田处理设施（FPF）、中央处理设施（CPF）、钻机、卡车等。投资方和建设方一体化，实现了中国装备整建制出口到苏丹，不仅取得了良好的经济效益，也促进了中国石油装备制造水平的提高。

（4）技术一体化。在苏丹37区法鲁济（Palogue）油田勘探过程中，物探局充分利用地质和地震研究优势使勘探工作顺利开展。同时，物探局还在震源等施工方式上提出了很好的建议并被项目公司采纳，取得了显著效果。此外，勘探开发研究院等单位关于苏丹克拉通裂谷盆地勘探理论也为苏丹项目的成功做出了巨大贡献。

（5）管理一体化。中国石油在苏丹设立苏丹地区企业协调组，组长作为中国石油在该地区的全权代表。协调组主要工作包括协调甲乙方利益兼顾，实现利益最大化，统一对外形象宣传和公益事业发展，归口管理与资源国政府的关系，组织甲乙方安保防恐和 HSE 工作并指导、监督、考核等。这种统一协调的一体化管理，使得苏丹项目整体运行顺畅。

二、工程技术、工程建设服务一体化的竞争优势

中国石油集投资业务和工程技术、工程建设服务公司于一体，有着共同的管理理念和企业文化，易于交流，具有共同的整体利益，具备统一调配资源的整体优势。整体优势是中国石

油国际化经营最大的比较优势，使得中国石油在国际竞争中快速脱颖而出，树立了国际品牌。在苏丹项目运营中，中国石油充分发挥集油气投资业务与工程技术服务、工程建设、装备制造等业务于一体的一体化优势，利用海外投资业务带动工程技术服务企业参与国际竞争，同时对海外投资项目实施全过程的建设和技术支持服务工作，实现甲乙方协同发展，带动了工程技术、工程建设、装备出口、国际贸易业务走向国际市场，确保中国石油整体利益最大化。

1. 投资带动效应

在为中国石油海外石油合作提供优质服务和坚强保障的同时，工程技术、工程建设服务单位也因此铺就了国际化发展道路。随着中国石油海外投资业务的发展壮大，工程技术海外作业队伍也逐年增加。2005—2010年，中国石油工程技术业务海外作业队伍从300多支上升到近900支，分布在五大洲的47个国家。2010年，有500多支作业队伍服务于中国石油投资项目，比例达62%。据统计，海外工程技术服务队伍中有58%为中国石油投资或参股项目服务。物探专业承担了海外投资项目几乎全部陆上和深海地震采集任务，80%以上的处理解释工作量，参与了中国石油全部海外重大油气发现。钻井专业承揽了近60%的钻井工作量；62%的测井、录井队伍服务于中国石油投资项目。同时，海外工程技术服务业务收入也大幅提升。2005—2010年，年均增长14%。海外收入占总收入的比例由2005年的20%上升到2010年的27%。资产规模不断增长，2006—2010年，海外固定资产净值年均增长3.8%。

中国石油工程建设公司进行37区输电线路施工

中国石油技术服务一体化有利于通过海外油气投资项目带动中国石油设备、人员及技术出口，特别在当前阶段，可以消化转移国内剩余产能，有利于提升工程技术和工程建设服务单位的投资回报，有利于中国石油快速回收投资和整体利益最大化。

2. 项目按期投产甚至提前投产的重要保障

根据高盛公司的数据统计分析，由于资源国劳工或设备短缺、基础设施瓶颈或监管约束等原因，ENI、BP、Shell 和 Exxon 等公司所主导建设的油气项目延期率都非常高。但中国石油主导的工程项目往往能提前投产，这正是中国石油技术服务一体化优势发挥的效力。

在苏丹项目建设过程中，甲乙方密切配合，战胜了社会依托条件差、自然环境恶劣的挑战，124区油田1000万吨／年产能建设和1500千米的长距离输油管道建设仅用短短11个月的时间，从投产到回收全部投资仅用了3年半时间。37区项目从勘探到建成千万吨级大油田，不到6年时间。得益于一体化优势的发挥，创造了备受国际同行关注的"中国速度"。

海外油气业务充分发挥了中国石油技术工程服务一体化优势，在海外优质高效地建设了一系列大型油气项目，不仅受到了资源国和投资伙伴的高度评价，也在国际市场树立了中国石油良好的信誉和品牌，使中国石油逐步成为资源国和国际石油公司的优选投资伙伴。

三、发挥工程技术、工程建设服务一体化优势的案例

在苏丹项目建设初期，苏丹工业基础薄弱，没有社会依托，工程建设困难之大难以想象。中国石油工程技术、工程建设服务队伍从维护中国石油整体利益出发，不畏艰难，敢打硬拼，执行合同坚决有力，确保了工程项目的有力推进。在项目运行期间，每当有困难的时候，总是中国石油的队伍迎难而上；最危险的地方，往往是中国石油的队伍冲在最前面。实践证明，如果没有中国石油工程技术服务队伍的强有力支持，苏丹石油合作项目很难如期或提前建成。

1. 一体化优势助力苏丹37区项目建设按期投产

苏丹37区油田位于苏丹东南部，主力油田距离首都喀土穆650千米，距离苏丹124区油田370千米。苏丹37区共有3个区块，总面积72421平方千米，是中国石油在苏丹3个项

目中面积最大的区块。项目于 2002 年 11 月在 7 区勘探取得重大突破，发现储量上亿吨的法鲁济大油田；此后在 2003—2004 年，相继在 3 区和 7 区再获重大发现。2004 年，37 区的开发工作紧紧围绕"确保 2006 年千万吨级油田顺利开发投产"的目标进行，通过完成法鲁济油田外围 Anbar/Assel 断块开发方案、高效开展开发井钻井、完井准备与现场实施工作提前开展、优化各种开发井位和试油设计方案等措施，为 2006 年全面投产提供了重要保证；中方介入开发 37 区大油田并获得重大油气发现，使苏丹项目真正走向规模化发展。

通过两年的筹备，2006 年 7 月 20 日，Adar FPF 和 Palogue FPF 投产；7 月 25 日，Palogue FPF 原油外输，主管道进油，标志着苏丹 37 区项目正式投产；7 月 31 日，油头到达 Jabalyn CPF；8 月 5 日，Jabalyn CPF 原油外输；8 月 23 日，油头顺利到达苏丹港海事终端；8 月 31 日 4 点，第一船原油离开苏丹港，顺利实现了苏丹 37 区项目的安全投产，标志着 37 区在短短 5 年多时间里（公司成立于 2000 年 11 月 11 日）在西方石油公司退出的区块完成了两大跨越，即从边际油田到亿吨级油田的发现，再到顺利建成一千万吨级产能水平的油田。

2008 年，苏丹 37 区项目在积极开展二期 500 万吨产能建设的同时，着力实施引进水平井技术、狠抓新井投产、强化稳油控水工作、加强油井动态监测等措施，为 37 区项目产量新跨越夯实基础。特别值得一提的是，在 Gumry 油田的产能建设中，中国石油的技术服务一体化优势得到了淋漓尽致的体现。Gumry 油田完全按预期目标投产，对 2008 年 37 区产量任务的完成起到了决定性作用。Gumry 产能建设项目自启动以来，曾经遭遇到了欧美制裁影响设计和采办周期、苏丹 60 年一遇洪灾加大施工难度、国内罕见雪灾延误交货时间、现场治安形势恶化、偷盗破坏事件经常发生等各方面的困难，通过甲乙方的紧密配合，尤其是承建 Gumry 油田产能建设的中国石油工程建设公司全体参战员工加班加点，精细施工，艰难赢得了按计划完工的可喜局面，比同期开始的 Moleeta 地面工程建设完工时间早半年以上。通过狠抓线路研究发现，由外方承包商管理的 FPF 站内连接施工很难按期完工，将成为 Gumry 油田 8 月份按时投产的瓶颈。在经过深入研究和分析后，中方决定采取临时联头实现先期按计划投产，以确保全年产量任务的完成。项目中方人员在做好伙伴公司和其他管理层人员思想工作的同时，精密部署、妥善安排，最终中国石油工程建设公司在 2008 年 8 月 28 日，成功实现了 Gumry 油田的按时投产。

2. 一体化优势保障苏丹和南苏丹项目油田成功复产

中国石油技术工程服务一体化优势在苏丹 124 区黑格里格战后复产过程中发挥了重要作用。2012 年 4 月，苏丹与南苏丹在 124 区项目黑格里格油田发生战争，战后生产设施遭受严重破坏，甲方制定了"快速抢险、分段实施、稳步推进"的总体复产策略，成立复产领导小组。管道局和工程建设公司等单位抢修人员迅速投入外输管线和储油罐的抢修工作中；分阶段解决了制约油田复产电力不足的瓶颈问题。一体化优势的充分发挥，推动油田仅用 10 天时间就恢复了生产和原油外输。特此苏丹政府和巴希尔总统专门表彰为复产工作做出突出贡献的中外方员工，特别对中国石油队伍表示感谢。

南苏丹 37 区油田为高凝重质原油，一旦突然停产将造成外输管道凝管，并有可能导致该千万吨级大油田不可估量的损失。在 2012 年初引发停产的紧急时刻，中国石油顶着巨大压力一方面与南苏丹政府真诚沟通，另一方面制订科学停产方案，做好油井防护措施，最终保护了油田设施和管道资产的安全。停产后仍不松懈，紧紧围绕复产这一中心，中国石油甲乙方紧密配合、通力合作，认真做好处理站和输油管道的检修、测试等工作，并推动各投资伙伴一道做好复产方案的落实，形势缓和后实现快速上产。中国石油工程技术工程建设服务队伍，高举中国石油一面大旗，及时充实骨干力量奔赴一线，与投资方一道不断优化和细化复产方案，深入细致地进行自检自查，着力排除影响安全复产的风险点和薄弱环节，通过狠抓"四个落实"和"十个到位"具体内容，切实把各项准备工作落到了实处，快速高效实现了整体推进、安全复产。

遭受战争破坏的黑格里格油田抢修现场

3. 一体化优势为苏丹炼化项目成功建设、平稳运行保驾护航

在喀土穆炼厂建设过程中，中国石油充分发挥集石油公司和技术服务公司于一体的整体优势，坚持发挥中国石油的人才整体优势，坚持中国石油长期形成的优秀企业文化和先进管理机制体制，充分利用中国石油所属炼化研究院、设计院的技术力量，为炼化项目的成功建设和安全平稳运行保驾护航。

为确保项目顺利投产运营，首先成立了苏丹喀土穆炼厂工程指挥部，对项目的设计建设进行统一协调。其次，集中了国内多家各具优势的设计院针对苏丹原油品质实际情况进行炼厂装置设计。其中，工程设计公司北京设计院负责催化装置设计，华东设计院负责常压、焦化装置设计，洛阳设计院负责重整加氢装置设计，独山子设计院、核工业部第二设计院和新疆电力建设工程公司等单位也参与了项目设计建设。国内各家设计院也通过共同参与苏丹项目相互学习交流，取长补短，提高了各自的设计水平。在设计和建设期间，负责炼厂运行和管理的中方技术人员也提前与设计人员一起工作，了解装置实际情况，提前编制操作规程并进行开工物资和人员的筹备。在装置建设时期，中方建设单位克服了气候炎热、缺乏工业基础依托、工期紧张等困难，发扬大庆精神、铁人精神，上下同心协力，保证了炼厂项目快速顺利建成。喀土穆炼厂建成之后，中国石油还从国内各大炼厂抽调精兵强将保证对苏丹炼油项目的支持力度。正是由于中方的统一协调、精心组织、集中优势技术力量、各单位密切配合、运行管理人员提前介入和中国石油整体优势的发挥，才保证了苏丹炼油项目的顺利建成投产和安全平稳运营。

第六章
特色化技术支持模式

20 年来，中国石油作为苏丹石油工业最大的投资者，依靠集团公司强大的技术支持能力，为苏丹的勘探、开发、管道、炼化等业务提供了强有力的技术支持保障，并逐步形成了一整套综合配套的特色化技术支持模式，为苏丹石油工业的发展做出了重要贡献。

第一节　多层次的技术支持体系

与西方石油公司不同，中国石油非常重视技术支持体系建设工作，并建立了强大的技术支持体系和长期稳定的技术研究力量，对国内油气田勘探、开发等业务提供了有效支撑。随着海外业务的跨越式发展，建立并完善了"1+10+N"的海外技术支持体系。在苏丹项目 20 年的发展过程中，中国石油多层次的海外技术支持体系发挥了重要作用，为在苏丹实现勘探重大突破和开发快速上产提供了强有力的技术保障。

一、多层次的海外技术支持体系

苏丹项目注重发挥中国石油整体技术优势，积极推动科技进步与创新，组织实施了一系列海外重点、难点项目攻关研究和先进成熟技术的集成应用，为苏丹项目又好又快发展提供了强有力的技术保障。苏丹项目依托中国石油在国内成熟的科技创新体系，形成了以勘探开发研究院为主体，相对集中、层次分明、因地制宜的"4+3+4"的海外业务技术支持体系。第一个"4"，即苏丹项目技术支持组织体系包括主体研究单位、对口支持研究单位、技术依托单位和支持保障单位4部分；"3"，即苏丹项目技术支持包括基础研究与技术研发、业务发展技术支持和日常技术支持3个层次；第二个"4"，即苏丹项目技术支持包括全球油气资源评价研究、新项目评价、油气勘探和油气田开发4个领域。

中国石油勘探开发研究院，是海外技术支持体系的主体研究单位，主要从事海外业务中长期战略规划研究、年度勘探开发计划编制、重大勘探部署建议与大型开发方案编制、勘探开发新项目技术评价、重点项目动态跟踪和生产技术支持、重大技术研发与集成应用、全球油气资源研究、海外勘探开发技术信息与资料管理，并牵头组织、协调国内研究力量对海外业务提供技术支持，包括主体研究支持、对口研究支持、技术依托和支持保障4方面技术服务。勘探开发研究院所属海外研究中心设多个地区研究所，其中非洲所长年定点支持苏丹地区的油气业务，有关尼罗河公司的开发方案、调整方案、勘探部署等，由勘探开发研究院牵头实施。全球油气资源研究和国际业务发展研究所与尼罗河公司共同完成苏丹、南苏丹境内新项目评价工作。勘探开发研究院下属的对口支持研究单位（包括热力采油研究所、采油工程研究所、工程技术研究所和石油物探技术研究所），承担海外业务面临的开发、采油工程、钻井工程、物探等领域的技术攻关，解释尼罗河公司勘探、开发生产中的重大技术难题。

除了勘探开发研究院外，海外物探技术中心、海外钻井完井技术中心、海外信息技术支持中心、海外规划研究中心、海外地面工程技术中心、海外天然气技术中心、海外发展战略研究中心、海外采油（气举）技术中心、海外海洋工程技术中心和炼化技术合作机构等 10 个技术中心根据各自的技术优势（包括为苏丹项目在内的海外项目提供专业技术服务），有针对性地解决重点技术问题。例如，海外物探技术中心承担了苏丹 4 区、6 区复杂断块区地震解释成图与井位研究，钻井工程技术研究院在苏丹 15 区海上钻井作业过程中提供钻井技术支持，炼化技术合作机构在苏丹 8 区新项目评价过程中承担了天然气利用研究工作。

另外，大庆、辽河、新疆、西南、大港、吐哈、玉门、华北等油气田企业先后成立的海外技术支持机构也充分发挥所在油气田企业的特色技术优势，向海外项目提供对口技术支持和生产性技术服务，以多种方式参与海外业务技术支持工作。例如，大庆油田海外技术支持机构向苏丹项目提供老油田开发调整和稳油控水技术支持，吐哈油田海外技术支持机构向苏丹项目提供气举采油技术服务。总体看，中国石油的多层次技术支持在苏丹项目的勘探开发生产中得以成功应用，在实际工作中将 3 种技术支持方式的优势充分发挥，各取所长，取得了非常好的效果。

二、基础与重点业务技术支持

苏丹地区的勘探开发技术研发与支持分为 3 个层次，即基础研究与技术研发、业务发展技术支持、重点技术支持，涉及油气资源评价研究、新项目评价、油气勘探及油气田开发等领域。

基础研究与技术研发以勘探开发研究院为主，联合西北分院、大庆油田、长城钻探、东方物探等单位，开展开发生产动态分析及开发潜力评价，开发年度计划及中长期规划，"三大工程"（注水、水平井和提高采收率）实施效果分析及部署研究，储量动用分析及评估支持等工作。

业务发展技术支持主要由海外勘探开发公司与尼罗河公司提出，包括新项目评价、勘探部署与技术支持、开发规划与技术支持，均涉及重大投资决策。多年以来，在苏丹项目公司的大力帮助和组织协调下，勘探开发研究院顺利完成了苏丹地区多项研究课题，与苏丹石油管理机构建立并保持了良好的沟通与合作。

重点技术支持主要依托国家和中国石油重大科技专项，以国家重大科技专项和中国石油海外勘探研究专项为主线，优选勘探区块和钻探目标，为实现苏丹地区业务发展各阶段规划目标落实资源基础。例如，针对苏丹地区设立的"海外成熟探区深化研究与下步勘探潜力综合评价"研究课题，将苏丹穆格莱德盆地和迈卢特盆地作为重点研究对象，通过该课题的研究，将完成对新层、新类型和复杂断块等领域的系统评价，提出有利区带和目标，争取较大规模的勘探突破，为苏丹地区石油储量的持续增长提供技术保障。

三、实用的技术理念

与国内业务不同，海外油田项目受合同期的限制，对投资者而言，需要在合同期内实现效益最大化。因此，海外更加强调成熟技术的应用，对效率和成本的要求更高。在技术应用上，苏丹项目公司遵循简洁、高效、实用的技术理念，在苏丹体现了明显的竞争优势。

中国石油接管苏丹 124 区项目后考虑到油田的经济性，从附近苏丹 6 区选派了物探队和钻井队进行作业，在确保有效投入的前提下最大限度节约了成本，并取得了重大发现，最终建成千万吨级大油田。实践证明，通过中国石油的技术、人员和设备的有效结合，在与西方技术的同台竞争中取得了明显的优势。比如在油气勘探方面，苏丹 124 区项目的投资伙伴各指定一家地球物理公司对雪佛龙公司早期的地震资料进行重新处理和解释，由此选择一家技术和价格综合最优的公司开展后续工作。当时投资伙伴中加拿大塔利斯曼石油公司和马来西亚国家石油公司选择了西方公司，中国石油选择了东方物探，苏丹政府选择了一家埃及公司。等到地震资料处理结果出来后，联合作业公司对几家地球物理公司的处理结果比较发现，东方物探的处理效果明显优于其他公司。并且公司报价也低于其他竞争公司，最终东方物探毫无争议地中标，并逐步在苏丹市场确立了优势地位。

第二节　全方位的技术交流机制

一、多样化多层次的技术交流形式

　　联合作业公司技术管理运行方面，除了定期召开技术会议，就勘探开发技术方面的问题进行全面分析，提出了未来工作方向并确定具体的技术指导以外，在政府与投资伙伴层面，与联合作业公司的技术交流还存在多种形式，以确保联合作业公司能够采用先进实用技术解决存在的问题。

　　例如，勘探开发方案和调整方案研究是油田勘探开发部署和调整的主要技术依据，是联合作业公司进行石油勘探和开发的基础性和指导性文件。在方案研究的过程中，在资料收集整理、分析、地质建模、油藏数值模拟以及方案评价和部署等不同阶段，投资伙伴和政府都派出相关专业技术代表参加阶段审查，通过翔实的分析，提出符合油田实际情况的指导意见。通过这种形式的交流，使投资伙伴和政府的开发理念在实际石油作业中得到贯彻执行。

　　此外，根据投资伙伴、政府和联合作业公司的要求，针对油田开发生产作业中存在的专项问题，三方不定期召开技术会议，分析存在的问题，讨论针对性技术措施。比如就某个油田的单井分析，引进注氮气开发现场试验阶段成果的讨论等，对于油田开发生产中出现的具体问题，及时进行分析，为联合作业公司管理层决策提供了充分的技术依据。

二、形式多样的中国石油技术支持方式

中国石油在与苏丹的石油合作中，始终坚持与政府和投资伙伴的合作，加强与政府和投资伙伴的沟通，贯彻先进且实用的开发理念和工作思路，更好地执行和完成开发生产目标，实现各方利益最大化。

在合作初期，为了使苏丹方面了解中国石油的技术实力，海外研究中心和工程技术、工程建设服务单位，对在国内多年形成的成熟技术和成果向政府进行全方位的介绍，涵盖油田勘探开发技术研究支持、钻修井技术、测录试井技术、地面工程建设技术等各个方面，很好地展示了中国石油的形象和水平，极大地促进了中苏双方的石油合作。在后续合作中，无论在技术研究还是技术服务方面，都体现了中国石油的整体实力，为苏丹各个方面培养技术人才、锻炼技术队伍起到了无可替代的作用。

在合作的中期和目前阶段，随着油田开发逐步进入中高含水和开发中后期阶段，都对新的技术提出了更现实和贴切的需求。为了把国内成熟的技术应用到苏丹油田，并在工作中获得苏丹方面的认可，尼罗河公司多次邀请国内专家主导或参与苏丹方面的技术会议和讲座。如不定期举办中方的开发技术研讨会，邀请国内开发专家进行讲解，同时选取了部分专家的专题报告，与苏丹的政府部门和其他作业公司的技术专家进行了卓有成效的交流。

中国石油积极参加苏丹方面组织的多种形式的技术交流会议，在会议上推介国内成熟、适合苏丹油田的各项技术，对

于国内技术的输出、提高苏丹油田的开发水平、提高油田产量都起到关键作用。比如，2010年尼罗河公司参加石油工程师协会苏丹分会承办的苏丹油田开发技术交流会议，在尼罗河公司的组织协调下，中国石油方面报告了防砂、稠油开发等方面的专项技术。

第三节　国际化的技术平台

为了便于联合作业公司、投资伙伴和苏丹政府三方之间的技术交流，苏丹项目的联合作业公司都成立了联合作业委员会，负责讨论审查勘探开发的重大技术问题。中国石油充分利用国际化的技术平台，通过苏丹项目充分展示中国石油的研究水平和技术优势，树立了中国的技术权威，得到了苏丹政府和其他投资伙伴的高度评价，为贯彻中国石油的勘探开发理念和策略奠定了基础。

联合作业公司技术讨论会主要包括勘探技术研讨会（ETR）和开发技术研讨会（DTR），有关勘探和开发领域的重大技术问题，均通过这两个研讨会确定解决方案。联合作业公司通过定期召开技术研讨会的形式研究和确定勘探和开发方案。作为主要投资伙伴，中国石油非常重视这两个研讨会的技术平台，借此不但可以充分展示中国石油的技术优势，同时也能够实施自己的技术构想，使中国石油的勘探开发技术成果得以充分应用。

在每次研讨会之前，尼罗河公司都借助国内技术机构的力量，认真研究技术方案，准备相关材料，协调前后方技术专家参加会议。在会议上，通过技术专家的演示和讲解，向投资伙伴和苏丹政府展示中国石油的研究成果。20 年来，中国石油高水平的研究成果和先进、务实的勘探开发理念得到了苏丹政府和其他投资伙伴的一致认同。中国石油提出的勘探开发策略、年度计划和预算以及对重大技术问题的解决办法，引领联合作业公司实施贯彻，在国际化的技术平台上展现了中国石油的技术实力和风采。

第四节　成功案例

苏丹 6 区分布着白垩系的 Aradeiba 组、Bentiu 组的稠油油藏和 Abu Gabra 组的稀油和天然气藏。总体上断层发育，断块小，产层薄，多套油、气、水系统共存。开发上则面临着砂岩油藏易出砂、老油田自然递减率高、综合递减率快等一系列的油田开发技术难题。面对这些困难，尼罗河公司通过走实用高效采油新技术路线，依靠科技创新让许多"不可能"成为"可能"。

创新之一：应用节点分析技术，稀油井起死回生。

2004 年 3 月 15 日，6 区油田投入开发后，稀油产量迅速下降，稠油产量被迫减产，并面临苏丹能源部的质询。

对于像福北（Fula North）这样块小、层薄的多层断块油藏，采用传统的衰竭式开采方式，自然无法稳产。要实现高产稳产，油藏工程师不得不另辟蹊径想到了节点分析技术。这项技术的发明人马赫曾被评为"20世纪石油工业中的传奇人物"，因为这项技术一投入应用，就在油气开发领域带来了革命性的进步。油藏工程师应用此项技术对影响油井产量的因素（油藏、井筒以及地面设施）逐一进行"诊治"后，6区的稀油井奇迹般地上产：其中产量提升了2.8倍；在含水率达到60%以后，采用邻井注气，将含水率降至20%，实现了"这边注入天然气，邻井增产出效益"。苏丹能矿部官员称福北油田的油藏管理是一个奇迹。

创新之二：稠油油藏早期稳油控水见成效，刷新美国石油工程师协会（SPE）纪录。

苏丹6区83%的储量是储集在疏松砂岩里的稠油。在29摄氏度条件下，地面黏度为7000～12000毫帕秒，应用传统的采油方式产量低。如果早期注水开发，含水率上升快，油层会被水淹。能不能既高产又能最大限度地延缓地层水突破，一次次叩问，一次次潜心研究，认识在深入：油藏工程师根据压力恢复曲线的导数特征，全面开展生产井与周边水的地层压力分析，研究油藏中隔夹层分布对油藏出水的影响。参照加拿大Luseland油田携砂采油的成功做法，开展苏丹6区稠油的采油实践，采用携砂冷采配套技术，实行部分射开产层、早期堵水策略，成功地达到了稳油控水的效果，油田开发前5年，含水率控制在23%～25%之间，比传统注水开发油藏含水率低得多，刷新了英国北海 Murchison 油田保持的油田投产前 5 年含水率控制在 26% 的世界纪录，这一成果曾获得 2009 年中国石油天然气集团公司技术创新二等奖。

创新之三：早期注天然气、压力衰竭后注氮气开发，实现 Jake 油田高效开发。

6 区 Jake 油田作为新油田，供电系统薄弱，人工举升动力没有保障，在无法进行机械开采的情况下，油藏工程师团队想到了同井注气的方案。项目团队基于实验室观测岩心数据、测井曲线以及压力恢复曲线形态，根据气体的压缩系数等于压力的倒数这一特性，反复研读 SPE 专著中的注气实验报告。提出"顶部油井放大压差气举采油，边部油井控制注气压力控水"的策略，目的是尽可能利用气体延缓水侵，在水侵以前，采出尽可能多的油，因为大多数原油储集在顶部，做到注气和采油两不误。数值模拟证明，这一方案最终采收率超过 50%，比传统注气、水气交替、气水同注等方案高出 18%～20%。在实验前，试油单井日产只有 500 桶，并且需要人工举升的油藏，使用注气后，自喷日产 10000 多桶。气藏压力衰竭后，通过改为注氮气开发，单井日产都超过 15000 桶，是邻井产量的 30 倍以上。

创新之四：应用气举，实现稠油、稀油井高产。

稠油气举是世界性的难题，难点在于稠油地面黏度高达 30000～40000 毫帕秒，为此，对传统的气举方式进行改进：在气举之前，将凝析天然气注入油层，最大限度地掺稀稠油；

采用油管注气、套管环空生产，最大限度地降低流动阻力；地面使用分离器，将气液分离后计量；地面沉砂器用于除砂。苏丹6区多套油、气、水系统共存为应用气举工艺提供了良机。2007年2月，在Moga21井停喷后，利用邻井Moga21-2井的高压天然气实施气举，日产原油2000多桶，是停喷前产量的27倍，这是苏丹石油史上第一次应用气举技术。以后在FN81井、FN79井和FN27井等一系列稀油井中气举取得了成功。针对Jake油田长射孔井段(射孔井段为1300～2500米)、多产层(20个小层)、低压、高产的特点，油藏工程师将传统的气举方式改进为油管进气、环空生产，采油树两翼都连接生产管线，以便降低生产回压，在Jack南油田的气举井取得难以置信的高产，JS-1井和JS-4井单井日产液一直维持在10000桶以上，JS-2井和JS-9井单井日产液6000～8000桶。目前苏丹6区气举井产量占了总产量的半壁江山。总结该井做法的SPE论文被获邀在2013年开罗SPE大会宣讲。

创新之五：巧方法解决高凝油问题。

高凝油问题，被公认为油田生产中"最难啃的骨头"。难点就在于容易在生产管线内凝固"灌肠"。为此，中方技术专家在查阅了大量文献资料的基础上，借鉴印度孟买至高乌兰海上输油管线在原油低于倾点5摄氏度条件下，不加化学药剂也能安全输送的成功案例，摸索出"放大油嘴生产，气体不用分离完"的十三字办法，使得6区的高凝油生产井问题迎刃而解。其中FN70井，原油倾点45摄氏度，常温下呈固态，经综合分析，射开下部高气油比油层，以及上部油层一起合采，不加任何化学药剂，在常年大气平均温度为 29 摄氏度条件下一直维持高产稳产，日产 4000 多桶达 3 个月。Moga×× 井，原油倾点为 57 摄氏度。试油资料表明，该井钻遇两层油气层，下部产层日产油 500 多桶，日产气 10000 多立方米。上部产层日产油 600 多桶，日产气 5000 多立方米。中方技术人员经过计算，决定两层合采，利用下部产层的天然气举升上部产层的原油，稳定日产 1500 桶左右，是测试产能的 3 倍。

第七章

互利共赢的石油合作模式

　　坚持互利共赢、合作发展是中国石油在苏丹开展石油合作成功的关键因素之一。在企业发展的同时，中国石油为苏丹和南苏丹经济、社会发展做出了重要贡献。尤其是在资源国处于武装冲突、经济困难等特殊时期，从国家稳定、民众生存的角度出发，做了大量公益事业。患难见真情，中国石油对资源国真诚的帮助，获得了资源国政府的高度信赖与认可，也为中国石油在苏丹地区的长期稳定发展赢得了更加良好的发展环境。

第一节　践行互利共赢　共推可持续发展

　　20 年来，中国石油参与苏丹油气投资，为苏丹石油工业和经济发展做出了突出贡献。同时，随着苏丹工业水平、经济实力的提升，对外开放程度日益提高，人才资源日益丰富，也为石油企业的发展提供了更加有利的发展环境。

一、资源开发推动苏丹经济快速发展

　　从 1997 年开发石油资源以来，苏丹在石油产量大幅增产的同时，国家经济实力也显著增强。苏丹石油产量自 1999 年苏丹 124 区项目投产后一直保持快速增长，产量从 1999 年的

200 多万吨上升至近 1000 万吨。2006 年，37 区项目投产使该国具备年产原油 2000 万吨以上的规模。

石油工业的发展带动苏丹经济快速增长，据国际货币基金组织资料显示，从 1999 年开始，该国的国内生产总值（GDP）大幅增加，人均 GDP 水平也在 2007 年首次超过 1000 美元，从过去非洲最穷的国家成为经济实力较强的非洲大国。过去 20 年里，石油合作项目为苏丹国民经济发展做出了巨大贡献，提升了苏丹在非洲的国家地位，提高了人民的生活水平。

二、帮助建立上下游完整产业链的石油工业体系

中国石油在苏丹开发油气资源的时间虽然不长，却探索解决了历史上始终未曾解决的、经济不发达资源国的资源价值转化问题。通过上中下游全面合作，实现了苏丹由石油资源开发到价值创造的提升。无论是在油气资源开发方面还是工业技术方面，苏丹都走上了由合作发展向自我发展的良性循环之路，大幅提升了资源国民族石油工业的自生能力和可持续发展潜力。

在非洲普遍缺乏炼化工业的情况下，苏丹是非洲国家中为数不多的能够形成上下游完整产业链的国家。喀土穆炼厂拥有非洲首套高酸、高钙稠油直接进延迟焦化工艺流程的炼油装置，至今累计生产成品油近 5000 万吨，生产的高质量的汽油、柴油、航空煤油、液化气、重燃料油、石油焦，满足了苏丹国内全部汽油和 75% 柴油的需求，承担着苏丹成品油市场 80% 以上的供应量，其中部分产品还出口周边国家，改变了苏丹成品油长期

依赖进口的局面。此外，炼化工业的发展扩大了苏丹的国内就业，并带动了当地工程建设、交通运输、电力通信、机械制造等大批相关产业的发展，这些产业都成为当地的经济支柱产业。

三、大力实施人才当地化战略

人才当地化是帮助资源国实现石油工业可持续发展的重要基础。从中国石油进入苏丹开始，就一直将人才当地化作为重要的合作项目。通过启动当地人才培训计划，多层次、多领域、持续性地培养当地所需各类人才。此外，中国石油还出资选派苏丹员工到中国进行学习和培训，从喀土穆大学遴选35名教师和专家到中国学习石油工程专业，这些学员分别获得了博士、硕士或学士学位。截至2015年底，中国石油共为苏丹石油部提供短期培训240人次，还资助12人获得中国石油大学的硕士学位。

中国石油第三期苏丹石油部高级培训班毕业典礼

在工程技术、工程建设服务领域，通过合资合作，中国石油的工程技术和工程建设公司也为苏丹政府培养了自己的石油专业队伍和管理技术人才，有 2800 名苏方员工在中国石油工程技术服务企业工作。苏丹国家石油公司与中国石油东方物探成立的 BPC、BGC 合资公司，承担全苏丹 70% 以上的地震数据处理和 1/3 地震数据采集工作量。长城钻探与苏丹 Raf 公司合资成立的 Tiger 钻修井作业公司，现场作业人员全部苏丹化。在中油测井、工程建设公司苏丹项目，一大批苏丹员工通过多年的努力和锻炼，走上中高层管理岗位，成为公司管理骨干。目前在投资业务领域，苏丹员工的本地化程度已经达到 95%，工程建设和技术服务领域的本地化比例在 75% 以上。

同时，中国石油在苏丹项目的成功运营也离不开苏丹本地优秀员工的辛勤付出。雇用苏丹技术人员不仅解决了中国石油在苏丹的用工问题，降低了人工成本，同时当地员工比较了解当地的相关商务、法律、政治具体情况，能够有效帮助企业防范和规避风险，更好地促进项目发展。

四、加强环境保护，实现绿色发展、和谐发展

尼罗河公司在苏丹始终坚持"环保优先、安全第一、质量至上、以人为本"的理念，高度重视安全环保工作，以"零伤害、零污染、零事故"为目标，着眼于对东道国负责和企业的长远发展，与投资伙伴共同努力推进安全清洁的发展模式。在油田生产和炼化项目的安全环保方面均取得了较好的业绩，有效地保护和改善了当地生态环境，获得了苏丹政府和相关国际

机构的好评。

在油气生产环节，采取多种措施治理环境：

（1）节约能源，保护环境。2009 年油田启动伴生气循环利用项目，进行天然气回注和发电，既减少了大气污染，又节约了成本，提高了油井产量和经济效益。

（2）提高油田污水、产出水处理能力。在油田中央处理厂建设产出水处理池，采用生物降解技术处理工业污水。油田合理利用处理后的产出水，实施回注再利用，不仅保护了油田环境，而且节约了水资源。注重人与环境的和谐，采取积极措施保护和改善生态环境。在苏丹 124 区项目中，中国石油集团与大尼罗联合作业公司持续推进环保工程建设，累计投资 1 亿多美元建成了世界上最大的生物降解工程，产出水日处理能力25 万桶，实现了生产污水零排放；处理后的产出水有害物质含

油田生物降解后的水塘

量小于 2 毫克／升，灌溉了上百万亩经济林，极大地改善了当地的自然环境，有 50 多种鸟类和十几种鱼类栖息，已成为苏丹一道靓丽的风景线。该工程受到大尼罗河联合作业公司 HSE 管理审核方——挪威船级社的高度评价，成为苏丹能矿部的环保示范工程，并荣获苏丹能矿部颁发的环保优秀奖等多项荣誉。联合国相关组织、外国驻苏丹使团等曾先后到现场考察，也给予了高度评价。相关技术推广并复制到苏丹 6 区和 37 区油田。

（3）集中处置固液废弃物。油田建设了钻井液站并分类处理固液废弃物，雇用专业垃圾处理承包商负责油区工业垃圾和生活垃圾处理。

此外，一些石油项目在经历战乱后，也是以最快速度恢复当地生态。124 区项目黑格里格军事冲突中，部分油管和储罐被炸毁，原油外溢。战后复产过程中，项目公司将生产恢复与治理污染同步进行，及时清理和回收外溢油。同时为了做好油田环保工作，苏丹项目聘请代表国际最高环保水平的英国和挪威公司进行垃圾处理。在复产准备工作中，把做好环保作为重要内容，就解决 1000 多千米油管填充水排放问题专门进行研究，制订了完善细致的处理方案，提前准备好蓄水池，为安全环保复产做好了准备。

环境保护是苏丹喀土穆炼厂日常运营的一项重要内容。喀土穆炼厂严格实施国际通行的环境保护管理体系，严格控制"三废"排放，将废油、废渣、废液集中到当地政府批准设立的垃圾处理厂进行处理，并安排专业人员监测大气和水环境，保证大气污染、烟尘、噪声等全部达到苏丹国家环保标准。炼厂建

喀土穆炼厂污水化验

喀土穆炼厂空气质量监测

成水污染三级防控体系，配套了酸性水处理装置、含油污水处理厂、化学水中和池、氧化塘、生活污水处理厂等高标准环保装置及设施，对生产、生活废水分类集中处理，有效保护生态环境。

此外，喀土穆炼厂也为改善当地环境做出了贡献。炼厂积极履行产品清洁化的承诺，通过了 ISO 9001 国际质量认证，生产的各类产品全部为低硫、无铅环保产品，其中柴油达到欧 IV 标准，汽油全部为 90 号以上的无铅汽油，苏丹因此成为非洲第一个自产自销无铅汽油的国家。十多年来，喀土穆炼厂一直保持着"零伤害、零污染、零事故"的 HSE 优良业绩，不曾有一滴污水流进尼罗河，在炼厂区及周边种植长达 29 千米的绿化带，31 万株树木郁郁葱葱。喀土穆炼厂使得荒漠变为绿洲，在非洲荒原提供了一个人与自然和谐互动的生动样本。

第二节　履行社会责任　共建和谐发展环境

尼罗河公司在苏丹秉承"做优秀的世界公民"的社会责任理念，认真履行社会责任，积极支持当地基础设施建设和社会公益事业，促进社会发展、社区和谐。特别是在资源国面临挑战和困难的情况下，中国石油更能够以大局为重，积极支持资源国稳定发展和人道主义事业，真正体现了一个负责任石油公司的形象。

一、尊重资源国文化习俗

苏丹主要信仰伊斯兰教，宰牲节和开斋节是当地最重要的节日。每逢这些节日，中国石油员工都选择与当地人民共同庆祝。穆斯林每天要做 5 次礼拜，中国石油在作业区为苏丹员工特意提供了宗教活动场所。召开会议时，中方都会注意避开这些时间，以表示对伊斯兰文化的尊重。在斋月期间，中方尽量减少苏方人员工作量，并保证其祈祷时间，此举也得到了政府和当地人民的高度赞扬。同时中国石油还多次组织盛大的开斋节晚会活动，每次活动苏丹国家电视台都对其进行专门报道，树立了中国石油尊重苏丹当地穆斯林风俗习惯的良好形象。

二、积极参加社会公益事业

在石油合作取得丰硕成果的同时，中国石油也始终致力于为当地社会发展和公益事业做贡献，除了资助教育培训外，还积极资助医疗卫生、基础设施建设和进行人道主义援助等。

苏丹项目将公益事业作为履行社会责任的一项长期和重点工作，每年都安排专门预算。针对苏丹的实际情况和以部落利益为主的特点，不断改进公益支持模式，建立了"四级联动"公益事业支持模式，即成立由苏丹石油部、州政府、投资伙伴、部落长老组成的四级委员会共同从事公益事业活动。

四级委员会组成后，主要的工作内容和职责如下：

（1）制订公益事业实施计划，明确公益项目实施时间表并予以公布。四级委员会按照当地社会自然的实际情况，决定要实施的打井、修路等公益项目，并制订出3年计划，按照公益项目受益地区，列出每一年需要实施的公益项目并予以公布，使当地居民知晓公益事业实施进度。

（2）明确实施公益项目所需资金的出资比例。在苏丹石油部、州政府、投资伙伴之间实现按比例透明出资，以较少的

中国石油援建的水塔（左上）、学校（右上）和桥梁（下）

资金投入获得良好的实施效果。

在四级委员会中，部落长老负责提出当地公益需求，并向当地民众传达公益实施计划；州政府负责统筹协调各地公益需求，并与石油公司接洽；石油部负责联系石油公司，并筹措公益事业经费；投资伙伴共同对公益事业项目进行审议，并做出出资决策。

这种模式实施后，取得了良好的实施效果。当地各部落明确了解了公益事业进度和计划，使公益事业公平、公正、透明，投资伙伴按照商议好的比例共同出资；当地州政府也参与公益事业，保证了公益事业的实施效果。

案例：危难之中显身手，帮助资源国渡难关。

2013 年底，南苏丹爆发武装冲突，并持续至今，导致南苏丹民众流离失所，基本的生存都难以保障。2014 年初，由于难民人数大幅增加，在首都朱巴原有平民保护所已经无法容纳更多难民的情况下，联合国驻南苏丹当地组织通过中国使馆向中国石油等几家公司提出请求，希望能够帮助捐资建设新平民保护所。中国石油在我国使馆的全力推动和支持下考虑到了南苏丹民众的疾苦，主动提出承担平民保护所的全部建设费用。在 3 个月的时间内便建造了一座可以容纳近 3 万人的平民保护所，得到联合国的高度评价。同时，平民保护所的建立减小了当地政府的救助压力，避免了当地民众（主要是反政府武装所属的努尔族人）的生存危机，受到政府的赞赏。中国石油在关键时刻发扬人道主义精神，积极承担社会责任的做法也赢得了

中国石油捐建的南苏丹平民保护所

当地民众的拥护，很多南苏丹民众非常感激公司在关键时刻给予的无私帮助，在应对随后的危急时刻，帮助石油公司收集信息，避开风险，力所能及地帮助石油公司应对复杂局面。

石油资源是南苏丹经济的命脉，石油生产如果因内战爆发而终止将导致这个国家经济崩溃。南苏丹内战爆发后，战火迅速从首都朱巴蔓延到联合州和上尼罗州，并进一步逼近产油区，油田生产作业人员的安全受到威胁。南苏丹 37 区联合作业公司中外国投资伙伴纷纷撤离南苏丹，油田随时面临停产风险。危急时刻，南苏丹政府请求中方能够保持最核心技术人员带领当地员工，继续维持油田基本生产，确保国家经济和民众生存得以维持。在当时严峻的形势面前，中国石油以南苏丹国家经济和民众疾苦为重，在政府承诺确保中方员工人身安全的条件下，经过反复考虑对战事发展的预判、安全风险的全面评估，在充分做好紧急撤离和应急资源全部落实到位的前提下，集团公司和海外勘探开发公司明确授权做出了一个极为艰难的决定，即撤离所有非生产核心员工，留下 23 名（一开始 58 人，一周内缩减到 23 人）关键骨干维持油田基本生产，使南苏丹在形势最危急的时刻，避免了经济崩溃，帮助南苏丹政府渡过了难关。经过此次事件，中国石油获得了南苏丹政府极高的评价和信任，双方互信关系进一步加深，并深化了中南友谊。

第八章
国际化复合型人才建设模式

人才是企业最宝贵的财富，是助推企业快速发展的基石，人力资源是企业的第一资源，使其发挥最大价值和效用，是提高企业核心竞争力的制胜法宝。苏丹项目在20年的蓬勃发展中，兼容并蓄，注重人才保障平台建设，突出抓好人才的选拔、培养、使用、激励、轮换等海外人力资源管理的五大关键环节，为苏丹项目有质量、有效益、可持续发展提供了坚实的组织保障和人才支撑，为中国石油的海外人才培养树立了标杆，被誉为中国石油海外人才的"黄埔军校"。

第一节　多元化人才引进和支持渠道

吸引最优秀人才、高效选拔人才、合理使用人才是确保企业战略目标实现的关键。苏丹项目以中国石油海外油气业务以及中国石油整体化人才优势为依托,完善和疏通人才引进渠道，探索多元化用工方式，采用系统内借聘、社会公开招聘、引进应届毕业生（含留学生）、对口支持以及第三方劳务用工派遣等多种人才引进和支持渠道，为苏丹项目发展提供了宝贵的人才资源。

一、多渠道人才引进

伴随着中国石油海外油气业务的蓬勃发展，苏丹项目在上下游一体化实践中，不断创新人才引进理念，疏通人才引进渠道：中方雇员主要来自中国石油内部整体人才支持（含成建制、对口支持、借聘）、毕业生（含留学生）招聘、社会招聘和第三方劳务派遣；外国雇员主要来自国际雇员招聘和资源国当地雇员招聘。

随着企业规模的不断扩大，苏丹项目积极实施雇员国际化和资源国本地化（苏丹化）战略，外国雇员人数占总员工比重不断增加。外国雇员和中国雇员一样，都是海外投资业务必不可少的人才资源，对中国石油打造综合性国际化能源公司起到了重要的引领作用。

二、多元化人才支持

进入苏丹之初，中国石油不仅缺少海外投资的经验和资金，更加缺少熟悉海外勘探开发技术以及商务运作管理的人才。这期间，苏丹项目中方骨干人员主要是从中国石油国内各单位选拔的优秀人才。这些人员的特点是既具有扎实的专业技术功底，又有良好的外语沟通能力。特别是在 1997 年成功获取苏丹 124 区项目后，中国石油通过"系统内对口支持"的方式，在国内各单位选拔优秀骨干人才支持苏丹项目的发展。

多年来，系统内对口支持一直是中国石油海外业务引进骨干员工的主要方式。所谓系统内对口支持，即结合海外项目特点，由海外项目与国内各对口单位签订对口支持协议，双方或成立工作协调组，建立组织协调机制，或以"对口支持＋市场"运作模式，统一调配资金、技术、人才、装备和队伍等资源。具体运作上，按目标管理模式配置人才，实行年度计划管理，分阶段分批实施；同时在人才选拔、培养、境外管理、回国安置和备员轮换等方面，明确派人单位和用人单位各自的责任和义务。

以喀土穆炼厂为例，炼厂在建设之初，创造性地提出"按装置承包，成建制借聘"（即成建制对口支持）方式解决炼厂所需人才，推行成建制承包取得了成功。目前主要生产装置由兰州石化、抚顺石化等 4 家中国石油炼化企业承包，承包人员和借聘人员占炼厂总人数的 87%，且目前项目正式员工中大部分也是从承包人员和借聘人员中调入的。此外，炼厂项目努力向国际企业看齐，始终重视当地化进程，在 2000 年投产后不久，2002 年即启动苏丹化工作。做到技术转让的承诺，努力开展对苏方员工的技术培训，培养出了一批当地技术员工，成为苏丹石油工业的骨干人才，也有力地推动了当地员工的就业。截至 2014 年底，共累计完成岗位苏丹化和人员苏丹化 316 人次，苏方员工比例已达到 83%。正是这些人员在项目的各个关键技术和管理岗位上发挥着巨大作用，才使得苏丹项目快速高效建成投产并上产，在苏丹乃至国际石油市场上迅速站稳了脚跟。后来，这些骨干员工又被派到中东、中亚、非洲、美洲等地区的项目上，成为海外业务不可多得的领军人才。对口支持工作在实践中创新，积累了很多宝贵经验，在成建制对口支持与管理、联合培养人才以及派出人员的保障与激励等方面开展了有益探索，为海外业务又好又快发展提供了强有力的人才保障。

第二节　海外人力资源管理机制

苏丹项目人才平台建设主要围绕人力资源管理工作的关键环节展开，注重国情化与专业化、国际化相结合，突出理念创新与方法创新，围绕人才选拔、培养、使用、激励、轮换等五大关键环节建立了适合苏丹项目实际的海外人力资源管理体系。

一、人才选拔

苏丹项目积极探索适合苏丹国情的海外人才引进和配置模式，完善人才引进的评价体系，借鉴"五要素"国际化人才素质模型（思想素质、业务能力、外语水平、环境适应能力、身心状态），对各个要素的指标和量化分值进行科学分析，以流程化的招聘提高了招聘工作的信度和效度。20年来，苏丹项目建立了一套完整的员工招聘流程，并根据该流程，严格选拔优秀人才。

（1）中方岗位人才招聘流程。首先，在梳理项目空缺岗位的基础上，各所属项目公司提出用人需求计划，包含年度人员需求计划和日常需求计划。需求计划经审核通过后方可进行人员选拔。通过综合考虑需求岗位、专业、人数等条件，结合人力资源实际状况，确定招聘人员来源渠道，具体包括借聘、对口支持、社会招聘、毕业生（含留学生）、劳务派遣以及国际雇员、资源国当地雇员等渠道。根据批准的人员需求计划，组织项目公司专业部门确定候选人。候选人确定后，对其进行专业考核，考核通过人员由中国石油海外勘探开发公司组织进行外语考试和体检。对通过上述考核的人员启动录用审批程序。经地区公司总经理或分管领导审核签字后，被录用员工入职并进入试用期。

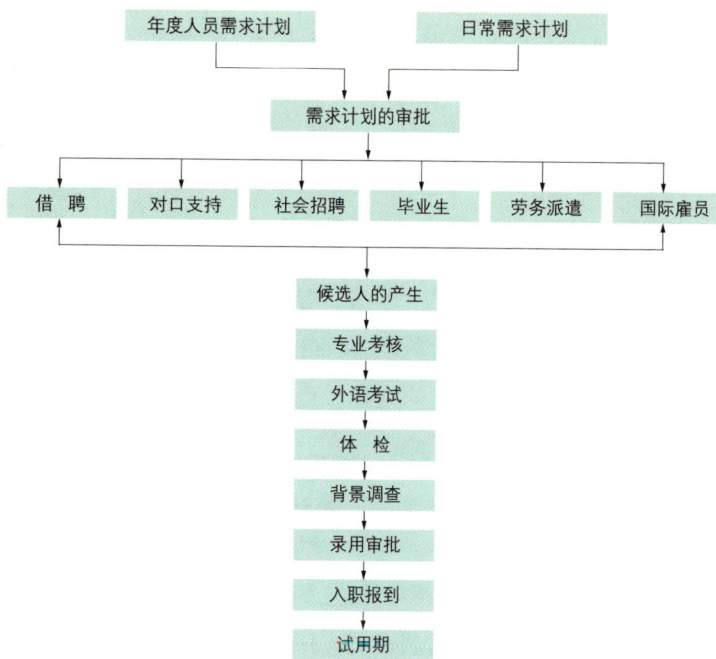

年度人员需求计划　　日常需求计划

需求计划的审批

借　聘　对口支持　社会招聘　毕业生　劳务派遣　国际雇员

候选人的产生

专业考核

外语考试

体　检

背景调查

录用审批

入职报到

试用期

苏丹项目人才招聘流程

（2）联合作业公司岗位人才招聘流程。除了先按中方岗位招聘程序启动招聘流程之外，还按照联合作业公司的人才招聘流程和要求进行招聘。对于经理及以上岗位，由中方直接向资源国政府写信报批；经理以下岗位先进行联合作业公司专业部门的专业面试，评价考核通过人员，中方向联合作业公司写信，联合作业公司再向苏丹政府写信报批，岗位批复后正式录用。

二、人才培养

20 年来，苏丹项目始终注重员工的职业素养及业务能力的培育、培养，促进专业技术的提升和技术成果的转化；始终坚持制订当地人才培训计划，纳入苏丹项目石油人才中长期发展战略规划，并在此基础上构建以人为本的培训体系，促进员工的成长成才，推动员工与企业的共同发展。在对中方员工的培训上，苏丹项目始终遵循"以人为本、按需施教、集成创新、学以致用"的培训原则，始终把握住 4 个关键，即健全的组织体系、针对性的培训计划、规范化的实施流程和过程控制以及全面培训效果评估和反馈.将培训贯穿于员工成长的整个过程，通过各种方式、各个层次的培训，为苏丹培养了一大批石油勘探开发、炼油化工、工程建设和技术服务领域的专业人才。

（1）加强培训组织管理，完善培训规章制度。苏丹项目建立了以公司领导总负责、人力资源部归口管理、苏方专职培训员专项负责、各装置工程师为具体实施人的培训网络。每年专项研究制订年度培训计划，确定培训目标和任务，确保培训工作始终有计划、有组织、有针对性地开展。2004 年，针对培训工作量日趋加大、培训任务日益繁重的情况，为更好地为员工提供服务，下游项目对培训工作进行专业化管理，进一步加强了培训工作的管理力度，提高培训工作的服务质量。以苏丹炼油项目为例，为保证培训工作的制度化、规范性，苏丹项目先后出台了《员工培训工作考核细则》《员工培训上岗考试规定》《员工培训学员纪律》《加强检修期间对苏方员工培训的有关规定》《员工培训考核奖励办法》等多个培训和考核制度，对于推动培训工作的健康有序、可持续开展，不断调动中苏双方员工的培训积极性并保证培训质量和效果，起到了非常重要的作用。

（2）立足国内、面向国际，通过国际培训交流培养高层次技术人才。上游项目积极参加国际石油协会等组织的年度国际勘探开发技术研讨会，下游项目也积极参加了非洲石油加工协会、中国石油加工协会等多个专业协会，并在其中发挥了积极作用，成为部分专业课题的协调人。每年派遣技术人员参加油气勘探开发与加工领域的国际研讨会，先后与法国 AXENS（IFP）、意大利 NALCO 及英国 KDC 等技术服务公司，搭建了合作交流的平台，畅通了技术沟通的渠道。通过技术资料和信息交流，使技术人员能够及时掌握新知识、新技术、新设备，使技术人员成为善于解决生产技术难题、具有超前思维和技术领先的高层次人才。此外，项目公司积极安排技术人员参加国内研发机构组织的专业培训班，及时掌握行业发展方向，准确跟踪先进技术的发展动向，确保项目公司在技术上与世界发展同步。

（3）采取"走出去，请进来"的培训方式，开拓中方员工培训的新局面。

①强化管理能力培训。苏丹下游项目以员工核心能力培养和领导力、执行力培训为重点，先后邀请国内知名讲师赴苏丹举办"清华大学 PMP 培训""商务礼仪培训""非财务人员的财务管理培训""卓越执行的七大要素"等专题培训。因地制宜采用现场集中观看、公司闭路电视循环播放、集中授课与业余自学相结合等方式，对管理人员重点进行了领导力、目标管理、绩效考核、激励等方面的专题培训，持续更新知识结构，不断提高管理理念和水平。同时，与北京大学时代光华管理学院、德鲁克管理学院、益策（中国）学习管理机构等合作，开展了中高层管理人员回国管理培训，既增加了培训资源、节约了培训成本，也实现了自主在线学习和培训的创新，进一步提高了培训的质量和效果。

②夯实专业技术培训。先后邀请国内外设计院、研究院以及国外大公司的专家到现场进行技术交流和授课，拓宽了现场技术人员的眼界和思维。同时制定相关政策，鼓励中方技术人员利用休假时间回国参加与本专业相关的短期培训。

③丰富特色培训平台。从"结合本职岗位、结合未来需求、结合个人发展"的原则出发，广泛搭建多种特色培训平台，提高培训的质量和效果。公司持续开展"尼罗大讲堂"授课活动，由员工担任讲师，通过自己人讲自己的事，更贴切、更实用，展示了水平，分享了经验，锻炼了队伍。加大全员培训力度，多角度、多层面提高员工的素质和能力，营造全员学习、全员授课的良好氛围，是构建学习型团队、打造学习型组织的有效举措。

开展"每天悦读十分钟"微信群好文章推荐平台，每天定时推介管理等综合类文章，分享知识，提高员工自助学习、自主学习的能力；购买国内外管理类书籍，供各级管理人员阅读；下游项目每年还为各部门、各装置订购各专业类期刊，进一步提高员工技术知识水平，拓宽知识面。

④提升语言能力培训。紧紧围绕海外油气生产经营核心，并结合海外员工生活实际，苏丹下游项目组织编写《专业英语操作手册》《海外员工生活实用英语手册》等相关学习材料，利用业余时间分批授课；与苏丹喀土穆大学以及国内剑桥培训中心培训公司合作，对全部管理和专业技术人员进行多层次、分等级、有针对性的英语、阿拉伯语培训，进一步提高员工外语应用能力。

三、人才使用

为充分营造人才使用的良好氛围，苏丹项目构建和完善领导干部配备、交流和后备干部选拔机制，理顺人才使用的流程，营造干事创业的氛围。

（1）选拔程序。苏丹项目严格贯彻执行中国石油党组关于干部选拔任用的相关规定，不断加强领导干部制度建设，明确领导人员选拔任用的资格和条件，完善领导干部选拔任用程序。

（2）考核内容。完善领导干部综合考评和监督管理制度，实行分级分类考评。考核包括年度考核、任前考察和任期考核3类。领导干部民主测评的考核评价指标包括素质（政治素质、职业操守、作风建设、廉洁从业）、能力（科学决策能力、推动执行能力、学习创新能力、团队建设能力）和业绩（绩效成果、履职表现、协同成效）3类。

（3）后备干部队伍培养。树立正确的用人理念，帮助员工做好职业生涯规划。项目普通员工提升的职级体系一般分为4个层级：部门副职、部门正职、助理副总师和班子成员。新员工进行入职教育时，根据员工的能力和特长，向新员工宣讲项目的工作环境、岗位职责、未来发展方向，做到为员工未来负责，为项目发展负责。苏丹项目选人不拘一格，用人五湖四海，积极为业务骨干交任务、压担子，给他们提供发展空间和施展才华的舞台，在压力下快速成长。比如，对于新上项目的员工，项目公司都会创造条件让他们与苏丹政府、投资伙伴进行商务谈判，在实战中锻炼成长。同时，持续跟踪骨干人才的成长轨迹，对于表现突出且在专业领域做出突出贡献、业内认可的人员适时破格提拔。

四、人才激励

苏丹项目从一次创业到二次创业的跨越式发展，离不开各类优秀人才的坚守。回顾苏丹项目的发展实践，人才激励发挥了关键性作用：注重感情留人，为项目员工解决后顾之忧；注重事业留人，为项目员工提供施展才华的舞台；注重待遇留人，以精神激励为主，薪酬激励为辅。同时，强调文化留人，为项目员工营造爱国奉献文化、温暖关爱文化、和谐融合文化、合作共赢文化和安全人本文化的发展氛围。

1. 海外油气业务全球薪酬福利体系成功落地南苏丹两个项目

为解决外派人员薪酬管理问题、技术支持费用问题、地区公司中方人员人工成本分摊问题，中国石油海外勘探开发公司参照国际著名石油公司的做法，在已有的外派人员薪酬福利制度的基础上，加大对名义工资的研究力度，逐步完善并形成了全球统一的薪酬福利体系。该体系的建立既维护了公司和员工的长远利益，也折射出海外人力资源国际化的管理水平。

2013 年 3 月，南苏丹 37 区和南苏丹 124 区联合作业公司开始推行中国石油海外油气业务全球薪酬福利体系，从此开启了南苏丹两个项目实施中国石油海外勘探开发公司全球薪酬福利体系落地的序幕。通过几年的实践，该体系成功解决了南苏丹两个项目中方人员名义工资倒挂问题。

2. 规范薪酬分配秩序

将分配向基层一线、关键和艰苦岗位人员倾斜，逐步提高野外现场员工的岗位工资标准和关键、艰苦岗位员工的上岗津贴标准。同时，健全企业年金和补充医疗保险制度，为员工提供健康体检、教育培训、困难帮扶、重大疾病救助等多项福利，切实提高员工的生活保障水平。

3. 建立健全人员轮休制度

轮休制度是员工的一项福利和激励制度，适度的轮休能有效消除阶段性工作疲惫和生理疲劳，充分提高当班期间的工作效率。

五、人员轮换

人员轮换是指海外项目工作人员在项目工作达到一定年限后，从所在项目调回国内工作或培训，或调整到另一个海外项目工作，同时根据工作需要做好岗位接替工作。人员轮换管理制度既优化了内部人力资源的合理配置，也有利于人才的培养和发掘。苏丹项目制订并实施人员轮换计划，为中国石油国际化发展培养并输送了一大批适应不同文化背景和合同模式的优秀人才。

1. 加强干部交流

采取"重点培养、轮岗交流、加强锻炼、大胆使用"等一系列措施，把有发展潜力的优秀年轻干部放在重点项目担当重任。把领导班子建设摆在突出位置，同时选拔政治素质好、语言水平高、业务能力强的人员到重要管理岗位进行锻炼，充分发挥他们的专业技术和管理专长。结合海外项目的实际情况，通过干部交流，不断激发领导班子的活力，丰富管理经验，提高管理能力。

2. 开展多层次人员轮换

稳步实施人员轮换计划，坚持人员配置原则，支持重点工程建设和上产项目对各类管理和专业技术人员的需求，建立项目员工在国外与国内之间、国外各项目之间和工作与培训学习之间的良性循环。

3. 拓宽轮换渠道

安排项目回国人员轮换到中国石油内部其他单位工作，在苏丹项目建设和发展过程中，实现了人力资源的优化配置，满足了业务发展的需求。

第三节　当地员工的培训和培养

随着经济全球化的进一步扩张，员工当地化已成为跨国公司人力资源管理的趋势。使用当地化员工，既可以解决当地就业，树立良好形象，提高公司影响力，也可以降低人工成本和风险，改善与资源国政府的关系。苏丹项目始终注重当地化用工的选拔招聘和培养使用，为资源国石油工业专业化人才培养提供人才保障。

1. 当地化员工的选拔与招聘

注重选拔优秀的资源国本土雇员，特别是根据资源法律规定把成熟项目的一部分中方基础岗位进行当地化，选拔优秀的当地雇员接替，为资源国员工提供了发展机会，激发了当地员工的工作热情。由于苏丹地区人力资源及人员素质的限制，时常招聘一个较为合格的人选难度很大。因此，对列入苏丹化计划的中方或投资伙伴岗位，一般提前 1 ~ 2 年确定 1 ~ 2 名当地接替员工作为培养对象，同外国投资伙伴员工一起工作锻炼。比如，苏丹 6 区行政部现场营地经理的当地接替员工，通过一年多的培养和在岗锻炼才接替相应岗位。

2. 提高当地化员工的专业技能

岗位专业技能培训是提高当地员工业务水平的最有效手

段。苏丹项目通过以在岗培训为主、检修培训和离岗培训为辅的方式，着力提高当地员工的技术水平，保障了苏丹项目的健康有序运行。当地化员工的培训方式主要包括：

（1）师徒合同方式。在实际工作中，实行"一帮一、一带一"，通过合同的形式建立师徒关系，明确师徒职责，确定学习内容及应达到的标准，并实行严格的奖罚制度，已取得良好成效。

（2）中方人员集中授课。利用平时操作以及轮班休息时间，由中方工程师讲解相关设备的内部结构、运作原理、工艺流程、操作程序、故障处理等知识。

（3）由点到面培训。首先由中方员工对部分基础理论知识扎实、有一定实践经验的当地员工进行重点培养，然后由其对其他当地员工进行培训，达到以点带面、事半功倍的效果。

（4）利用计算机仿真系统和模拟软件等先进培训手段。苏丹项目从国内引进了先进的仿真培训系统，苏方员工通过仿真培训，逐步学习DCS控制系统，为下一步上岗操作打下良好的基础。喀土穆炼厂于2005年与国内外公司共同开发了包括炼油工艺等在内的计算机模拟软件，实现了离线状态下的员工培训，有效降低了现场培训的安全风险。

（5）专业技能竞赛。苏丹下游项目每年定期在生产、维修部门开展当地化员工专业技能竞赛，每年有多名苏方员工获得"专业技能"称号。

（6）定期人员轮岗和换岗。现代化的石油项目要求操作者是全能操作工，通过定期轮岗和换岗培训，使苏方员工对全装置系统有较全面的认识，确保了生产的平稳运行。

（7）利用当地培训资源。充分发挥当地培训的优势，选派员工到苏丹能矿部培训中心等机构进行培训。

（8）第三国培训。从 2001 年起，苏丹项目每年选拔一批优秀骨干员工到法国、德国、印度、埃及等国家进行培训，15 年来，超过 400 名苏方员工到 10 多个国家参加了业务和技术培训，提高了业务技能。

（9）国内大学、科研院所、厂家培训。苏丹项目积极组织苏方员工到中国的大学、科研院所和厂家参加培训、参观、考察和学习。他们既提高了业务水平，也加深了对中国的社会、文化以及中国石油的企业理念和企业精神的了解。

第四节　国际化人才的输出

经过 20 年的发展，苏丹项目在选拔、培养、锻炼一大批优秀人才队伍的同时，也为中国石油其他海外项目输送了大批优秀管理、技术、商务等各类人才，并在发展中探索建立的相关制度、模式和经验，成为中国石油海外业务人力资源管理的典型实践。

（1）选拔、培养和锻炼了一大批优秀人才队伍。

20 年来，苏丹项目始终注重员工的业务能力、语言能力、管理能力和合作能力等建设，使员工队伍较好地适应了国际化项目发展的需要。

①严把入口关。苏丹项目高度重视队伍建设工作，严格人员选聘标准，对业务能力、外语水平、政治素质、工作经验等都严格考核、把关。

②持续加强培训。采取"引进来"与"送出去"相结合的方式，增强对员工在语言、业务、管理、合作能力等方面的培训，提升了员工的素质技能。

③坚持在实践中锻炼。苏丹项目坚持从实际出发，在工作中大胆使用优秀人才，定目标、压担子，很快使一批优秀的海外复合型人才脱颖而出，并带动了队伍整体素质的提高。

通过以上诸多措施，锻造了一支优秀的国际化人才队伍。截至 2015 年底，苏丹上下游项目共有中外籍员工 7543 人，其中苏方及外籍雇员 7095 人，占 94.1%；中方人员总数 448 人，占 5.9%。

（2）为中国石油海外事业的发展输送了一大批优秀人才。

苏丹项目在积累宝贵国际化经验、实现优质高效可持续发展的同时，也为中国石油培养并输送了一支勇于献身海外，熟练掌握科学技术，熟悉项目管理、法律、商务、懂外语的具有国际水平的人才队伍。截至 2015 年年底，苏丹项目向其他海外项目输送各类高素质技术、管理干部 500 多人，其中项目总经理以上干部 40 多人，骨干及副经理以上人才 230 多人；先后涌现出了全国劳动模范、"中国石油科技楷模"苏永地、中石油集团特等劳模、铁人奖获得者"海外小铁人"王贵海、"孙越崎大奖"得主徐志强、中国石油天然气集团公司特等劳模"铁人奖章"获得者全国优秀共产党员王杰、全国五一劳动奖章获得者祝俊峰、常广发、中央企业劳动模范刘英才、孙贤胜等一大批英模人物。

喀土穆炼厂作为中国石油第一座海外炼厂项目，被誉为海外下游项目的"黄埔军校"。曾在炼厂工作过的1059名中方员工回到国内原单位后，大部分成为各岗位的重要管理和技术人员；有60人先后成为海外勘探开发公司、阿尔及利亚、乍得、尼日尔、哥斯达黎加、哈萨克斯坦石油公司项目等企业的骨干力量。

（3）为中国石油国际化人力资源管理提供了宝贵的实践经验。

20年来，苏丹项目在人力资源管理方面所形成的制度及经验，已经在中国石油海外业务或其他海外项目公司推广应用，既推动了苏丹项目自身人力资源管理水平的提升，又激励和稳定了员工队伍，同时为中国石油海外人力资源管理制度和程序的建立提供了宝贵的经验借鉴。

第三篇

管理之道

第九章
生产运营的项目管理

　　勘探、开发、管道、炼化业务作为石油公司的主营业务，运营和管理效果直接决定了石油公司的成败。中国石油苏丹项目在苏丹 20 年的生产运营实践中，充分学习国际化运营管理方式，开展专业化管理，同时吸收国内管理的先进做法，两者互为融合，形成了符合国际规范又具有自身特点的专业化生产运营管理方法。

第一节　勘探项目管理

一、建立勘探管理体系

　　苏丹项目学习国际化公司的勘探工作管理经验，构建了一套科学、有效、合理的勘探管理体系，并针对跨国勘探的特点，制定了一套符合实际的流程和准则，实现了海外勘探业务集约化、专业化、一体化整体协调发展。

　　在苏丹和南苏丹，勘探工作由联合作业公司负责组织运行。在联合作业公司内部，由投资伙伴派出的勘探专家与当地技术人员组成勘探技术团队，主要负责勘探战略和勘探计划研究、地震部署方案研究、地震解释和探井井位研究、测井解释和试油方案研究、储量计算等工作。投资伙伴主要通过定期召开的勘探技术审查会（ETR）会议和不定期召开的技术研讨会，对联合作业公司的勘探工作进行管控。

ETR 会议由联合作业公司召集，投资伙伴派代表参加。会议一般每年召开两次，会议内容各有侧重。每年的第一次 ETR 会议一般在 3 月份举行，会议内容包括上年勘探成果总结与勘探效果分析，勘探地质新认识，当年地震采集和探井部署的具体方案以及研究项目的具体安排等；第二次 ETR 会议一般在 8 月份举行，会议内容包括上半年勘探成果总结与勘探效果分析，研究项目进展情况以及下半年勘探计划调整方案和下一年勘探计划建议。若出现重大勘探技术问题，联合作业公司将召开勘探技术研讨会研究解决方案。

作为主要投资伙伴，中国石油非常重视 ETR 会议这一技术平台，充分利用在 ETR 会议上拥有较强话语权优势，同时也有助于把握好 ETR 会议对最终决策的重要作用。在召开 ETR 会议前，由苏丹项目勘探部协调前后方技术专家进行会议准备，根据中方内部的研究成果，审核联合作业公司提出的勘探方向和勘探部署方案，把控勘探程序和勘探节奏，对勘探工作安排提出具体要求；同时，将中方的勘探思路、勘探技术、战略规划等研究成果在 ETR 会议中向联合作业公司其他股东进行展示，争取其他股东的支持，最终将中方的想法变成联合作业公司的决议，推动勘探项目实施，确保联合作业公司的勘探工作符合中方的投资策略和战略部署。

针对跨国勘探的特点，苏丹项目研究出了一套符合实际的勘探思路和勘探准则。首先按照产品分成合同模式制定勘探策略，针对跨国勘探必须受合同条款的制约、有严格的时间限制以及勘探作业投资和成本的回收都以区块为单元的特点，制定了一套与国内勘探有较大差别的勘探思路和勘探准则，即要打速决战，不打持久战；要缩短实践认识的周期；要先肥后瘦、先浅后深、先易后难等勘探思路。每一个部署、每一次投资都要做出可能获利的经济评价。同时，根据苏丹季节特点实施跨年度部署。苏丹 6—10 月为雨季，作业难度很大，苏丹项目通过跨年度部署来克服这一困难，就是把每年 11 月到次年 5 月作为探井和地震施工的主要季节，雨季前完成全年的探井井位部署和井场准备，这样雨季对钻井的作业施工影响比较小，保证了投资的有效、快速。

二、制定勘探管理流程

为确保勘探业务效果，苏丹项目还专门制定了《勘探开发业务管理规定》，对勘探、地质风险评价、人员职能、勘探远期评价和勘探开发工作流程均制定了一套严格的程序。要点包括：

（1）规定了勘探业务基本程序。将勘探程序分成了盆地地质和地球物理研究程序、远期评价程序、钻井后评估程序等 6 个关键点。在每个关键点中明确指出了制定该关键点的目的和执行范围、项目组的责任和义务以及具体的工作，以能够圆满完成全部的勘探工作。

（2）明确了地质风险评价程序和风险要素。规定对该程序的目的、执行准则、应用等均做了详细说明，对地质风险评价程序和基本定义进行标准化，提出地质风险评价基础和一般导则，明确油气资源的估算方法、估算量和风险评价系数，以全面了解地质风险，为后续开发打好基础。

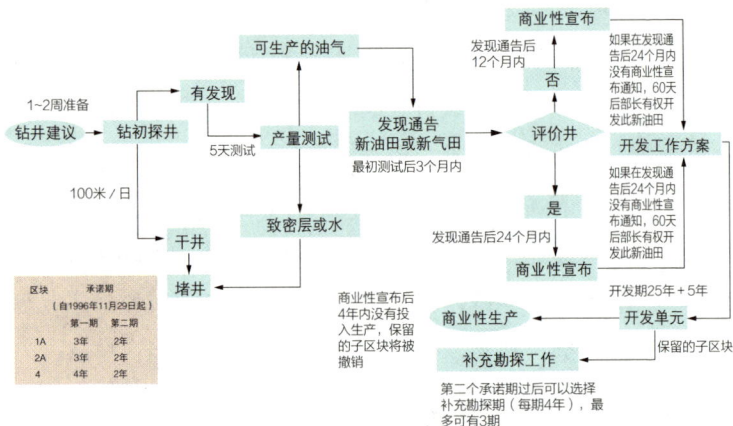

钻探开发流程图

（3）对勘探业务各岗位进行了职责说明。规定对勘探部所涉及的岗位，包括基本职能、任务和职责等做了明确的划分，同时对人员水平的要求和工作环境均做了详细的阐述。还绘制了详细勘探开发和远期评价的工作流程图，以对整个工作流程有更加清晰的认识和了解。

（4）详细规定了储量定义标准。通过对储量的汇总、调整和综合管理，建立资源或储量的定义、分类、报告和评价方法，并说明相互之间的内在联系。

三、倡导理论创新，注重经验积累

1. 理论创新，实现124区勘探重大突破

苏丹 Muglad 盆地的124区项目是中国石油在海外第一个大型油气勘探项目，总结形成了一套高效勘探的理论和方法。具体包括：

（1）总结了 Muglad 盆地的地质特征，发展了裂谷盆地的地质模式，建立了 Muglad 被动裂谷盆地油气成藏模式。项目提出了苏丹裂谷盆地群是三期不同应力场改造、叠加复合的裂谷盆地群。首次建立了 Muglad 被动裂谷盆地的成藏模式——裂谷发育期构造调节带形成大型油田的模式、Bentiu-Aradeiba 反向断块成藏模式、大断距成藏模式和古近纪叠合构造成藏模式。先后发现了 Unity-Heglig 富含油气成藏带、Simbir-Hamra 油气成藏构造带和 Hilba 油气成藏带等，为苏丹124区项目1500万吨／年产能建设奠定了储量基础。

（2）应用和发展了一批与地质条件相适应的勘探技术。根据国际风险勘探受合同期制约、时间短的特点，有效应用和发展了精细二维构造成图技术、有利成藏带的三维连片技术、变速构造成图技术及低阻油层识别技术等。建立了一套系统规范的圈闭评价方法，包括待钻圈闭资源量计算、风险分析和经济评价，实现技术与实践的紧密结合，探井成功率高达68%，实现了苏丹124区项目快速、高效勘探，保证了投资伙伴投资的快速回收。Hamra Cluster 油田从三维连片处理到钻探井发现和勘探开发一体化投产，仅用2年时间就建成了年产100万吨的油田。

2. 中方主导，快速发现法鲁济大油田

苏丹37区法鲁济油田是千万吨级大型油田，也是中国石油海外油气勘探10年来发现的最大油田。该项目是在中方主导下，通过理论创新和大胆实践，在短短的3年时间里发现并探明规模储量，其积累的勘探理论理念、勘探思路和技术方法，为后来公司寻找更大规模的勘探区块提供了宝贵的经验和技术。

中国石油第一个海外大型风险勘探项目——37区项目取得的成功主要基于以下5个原因：

（1）解放思想、创新思维是取得勘探发现的不竭动力。

（2）正确评价、超前部署大面积连片三维地震勘探是提高勘探成效的必要手段。

（3）敢于创新、集成应用国内外适用技术为勘探工作提供了有效手段。

（4）始终坚持勘探开发一体化，为项目取得良好效益提供了重要保障。

（5）争取延长勘探期和保留勘探面积，保障了勘探效果。

同时，苏丹法鲁济油田勘探是中国石油在海外的第一个大型自主勘探项目，也是海外第一个以盆地为整体的勘探项目。该勘探项目的成功，使苏丹再次建成一个新的千万吨级的大型原油生产基地。该项目的勘探成功丰富了裂谷盆地油气聚集的成藏理论及低勘探程度地区快速寻找大油田的预测技术与方法，为海外勘探领域、发现更大的油田发展完善了理论与技术，为中国石油的海外发展创造了巨大的经济效益和社会效益。同

时，该发现充分展示了中国石油勘探理论和技术水平，不仅说明了中国陆相石油地质理论在世界得到了丰富和发展，更重要的是展示了中国石油科技工作者能够面对地表和地下复杂的条件及严格的合同条款，在有限的勘探期内发现大油田，积累和形成的理论与技术系列可以指导类似地区的勘探，对其他石油公司也有重要的借鉴意义。

3. 大胆探索，为海上勘探积累经验

2005 年 8 月，中方和其他投资伙伴与苏丹政府签订了 15 区块产品分成合同，标志着在中国石油海外首次进入海洋领域进行风险勘探。2007 年 6 月，又与苏丹政府签署了 13 区块的产品分成合同。这两个区块的先后进入，标志着中国石油全面参与了红海海域苏丹一侧主体部分的风险勘探。

苏丹红海 15 区块和 13 区块是中国石油在海外海洋油气勘探的一次积极尝试，虽然没有获得商业发现，但作为中国石油第一个实施海外海洋钻井的项目，培养和锻炼了一支熟悉海上地震采集和海上钻井作业的技术队伍，探索总结了一套海洋油气高效勘探的评价思路与方法，为中国石油进军海洋油气勘探领域锻炼了人才，积累了经验。

第二节　开发生产管理

一、苏丹项目开发生产管理体系与特点

苏丹四大开发生产项目，即南苏丹 124 区项目、苏丹 124

区项目（南苏丹独立前南苏丹 124 区和苏丹 124 区项目为一个项目）、南苏丹 37 区项目和苏丹 6 区项目，分别为不同投资方成立的联合作业公司负责作业和运营，由于与国内油田公司相比公司管理模式不同，其开发生产管理模式也有其自身的特点。

（1）精干高效的扁平化开发生产管理机构。有效的组织机构与内部管理模式是国际石油公司实现高效管理的重要保证。由于油田生产的特殊性，并不存在统一或最好的开发组织结构和内部管理模式，苏丹项目根据自身特点，建立了扁平化开发管理机构，并借鉴国际石油公司管理经验形成了一套科学、高效的开发生产管理程序。联合作业公司在上游大部设置开发部、生产部和作业部，分别进行油藏管理、生产组织运行管理和钻修井管理。开发部设置油藏、开发地质、计划预算等科室；生产部设置维护科、计划预算科，油田现场不设置与机关生产部平行的采油厂，而是实行生产部垂直管理，现场的组织机构为生产部下设的运行和维护科，负责电站、井场、设施维护、油田操作和生产作业等。

（2）国际化招标油藏研究、设备维护和钻修井队伍。联合作业公司实行标准的国际化公司管理模式，公司不设置研究院所、钻修井作业队伍等，油藏开发研究、开发方案编制、钻修井维护作业队伍等完全实行国际化采办的公开招标策略。开发部除了负责油田的动态跟踪分析外，主要负责开发方案、开发调整方案以及开发专题研究项目的国际化招标，从国际市场选择合格的技术支持队伍；生产部负责设备运行维护的招投标、生产管理预算以及现场生产管理；作业部负责钻修井管理和招标工作。

技术支持管理是海外油气业务核心竞争能力。苏丹项目由于没有独立的科研机构支持，尤其是在油田投产初期开发方案研究阶段，中方发挥中国石油的整体优势，依靠国内强大科研技术实力，以勘探开发研究院为主导承担了几乎所有主力油田的方案研究工作，确保了海外油气田勘探开发的高效、平稳运营，以及有力贯彻了中方的开发理念。

（3）投资伙伴技术人员在联合作业公司任职关键岗位。按照投资比例，各投资伙伴与资源国分享各部门以及科室的关键岗位，并逐步采取本地化的策略。在苏丹的联合作业公司中，中方均承担了开发、生产和作业部的经理或者副经理岗位，关键的油藏管理、开发地质以及生产部下采油科（类似于国内的采油厂）的科室长岗位。

（4）高效、独特的开发生产管理决策程序。在油田开发动态分析以及开发方案执行情况分析基础上的年度开发生产工作安排与预算、原油产量的安排和调整，是开发生产决策的重要内容。

按照联合作业协议的规定，联合作业公司定期召开开发技术研讨会，即 DTR（Development Technology Review）以及各种不定期的专题技术研讨会。会议由联合作业公司负责召集、主持，投资伙伴派技术代表参加。DTR 一般每年度举办两次。第一次在 3 月份，会议主要内容包括上一年度开发生产和作业成果，开发生产存在的问题和挑战以及当年后一个阶段的开发生产策略。第二次会议一般在 8 月份举行，会议主要内容包括上半年开发生产主要工作和成果，年度计划执行情况，开发生产中存在的问题和挑战，最主要的内容是提出下一年度的产量目标以及相应的工作计划和安排。

DTR 会议是开发生产技术的决策机构，按照会议决议，在投资伙伴达成一致意见的前提下，安排下一年度的产量目标和工作计划，主要是钻修井数量、重大的开发生产现场试验项目和工程建设项目等，为投资决策提供技术依据和基础。

二、实行勘探开发一体化策略，高效引进新技术

苏丹项目作为中国石油最早的海外勘探开发项目，是否成功、能否加快回收投资，对未来"走出去"战略的实施都非常关键。因此，如何在合同期内尽快发现新油田，加快评价新油田，并进行快速开发、快速建成产能、快速实现投资回收，关系到项目下一步的经营成败。为此，苏丹项目的开发理念就是实施勘探开发一体化策略，加快增加储量，有油快流、好油先流，实现快速上产，取得了非常好的经济效益和投资回报。

（1）快速评价，落实储量规模。滚动勘探是油田快速上产的有效手段。项目研究人员通过重新处理的三维老资料和完钻井重新解释、落实构造，通过油藏综合分析开展精细油藏研究，不断获得储量发现。

（2）有油快流，快速完成产能建设。为满足油田开发需要，项目在建产前进行了大量准备，如利用雨季施工减少的时机，大量储备砂石料；及时补充库存，优先保障产能建设物资；设法化解资金难题，协调钻机设备修复；积极联络外部服

务商，增加队伍来源等。通过这些保障措施，在最短时间内完成了油田产能建设。

（3）重视科研技术，将开发方案的实施、新技术的应用作为油田开发管理的基本原则，通过合理实施开发方案，大胆应用新技术，提高油田开发水平。在油田开发前期，深入开展油田开发方案研究；油田开发实施过程中，根据油田开发阶段及开发现状，实时更新调整油田开发方案，做到科学有效开发管理。通过各种形式的技术交流，各方及时沟通，各项重大开发技术问题得到来自投资伙伴和政府的支持，提高了开发运行效率。同时，根据不同油田开发特点大胆应用新技术，目前小井眼钻井（Radial Drilling System，RDS）、热采技术（Cycle Steam Stimulation，CSS）、机械卡堵水、注氮驱、天然气驱等技术已在苏丹项目实施应用，为油田稳产上产做出了重要贡献，取得了很好的经济效益。

三、遵循油藏开发规律，坚持方案先行

开发方案是油田开发的纲领性文件，其科学与否决定着油田开发的成败和经济效益的优劣。中方管理层从项目开始就将方案设计作为油田开发的重中之重，通过招投标策略的制定、易标等方式，将油田的重大方案设计由中方具有雄厚研究实力的科研机构负责，如勘探开发研究院海外研究中心、东方物探（BGP）、大庆油田、长城钻探等研究院，均参与设计了苏丹重大油田的开发方案，并将中方先进开发方法、开发思想融入联合作业公司，取得了非常好的效果。

在油田勘探开发中后期，随着苏丹经济的发展，苏丹政府要求当地公司介入的程度加大，这时苏丹项目则适时地采取将中方主力研究单位和苏丹研究单位（如 Sudapet）形成联合体的方式，继续进行开发调整方案的研究，保证研究的力量和效果。

（1）深入研究油藏开发机理，制订合理开发方案。在油田的研究中，选择中方资历深、阅历久的技术和管理干部作为项目负责人，与研究单位一起深入研究油藏开发机理，制订合理方案。中方管理层始终将"快速增产上产，早日分得份额油，尽快实现投资回收和效益最大化"作为开发工作及开发方案设计的指导核心，在设计开发时尽可能采取天然能量开发，通过合理地利用天然能量，简化地面设施，节约了投资，为油田快速投产、上产取得经济效益提供了基础。

（2）严格执行开发方案快速建产、创造效益。方案实施过程中，技术人员亲自把关，严格执行开发方案并根据现场执行情况合理修正，实施后取得了很好的开发效果，形成了地质研究、油藏工程、钻完井工艺、井筒举升、地面处理等一整套冷采技术。同时利用中方的整体化优势，通过原油生产、管道运输和原油炼制一体化的项目运作模式，使得各油田（包括稠油边际油田）的经济价值得到体现，创建了中国石油海外石油风险投资的新模式。

四、组织有效的地面工程管理

中国石油自从进入苏丹市场后，面临着自然条件艰苦、工业基础薄弱、社会依托条件差的现实条件，油气田地面工程建设也存在工作量大、产能建设工期紧、各作业公司中方专业管理人员少、生产组织难度大等困难。在这样的情况下，苏丹项目在联合作业公司推行 PMT+PMC 管理形式，形成了一套全新的地面工程建设思路，实现了建设水平、管理水平的全面提升，实现了更好的油气田地面工程管理。

1. 推行 PMT+PMC 管理

PMT 通常指业主方管理团队（Project Management Team）。其管理团队的大部分人员（尤其重要岗位）均属于投资方的长期员工，代表投资方承担组织项目建设的责任，同时负责宏观管理、指导、控制和协调项目正常运行。虽然中方在联合作业公司地面工程部承担的岗位不同，但对推动各关键项目的顺利执行起到很大的作用，同时也承担着协调各投资方进行重大项目管理，为中方决策提供支持等职能。PMC 是指项目管理咨询承包商（Project Management Consultant），通常指投资方不直接管理工程项目建设，而是通过委托、合作或招标方式，选择项目咨询管理公司对项目设计、采购、施工和试运提供管理咨询。PMC 代表投资方对工程项目进行全过程、全方位管理，是投资代表的延伸，参与从项目决策阶段到使用阶段的全过程管理，与投资方的目标和利益保持一致。6 区一期产能建设项目，由中国石油集团工程设计有限责任公司（CPE）和苏丹国家石油公司（Sudapet）两家组合成的联合体共同进行 PMC 管理，保证了 6 区项目的快速执行和工程质量。

2. 推行 PMT+PMC 管理的做法及必要性

苏丹油气田滚动开发的快速发展，给地面建设项目管理带来了挑战。为适应联合作业公司地面工程建设专业管理人员少等情况，确保地面工程管理的高效开展，地面建设项目的管理需抓大放小，对项目组织管理实行分级制 PMT+PMC 管理。

PMT+PMC 管理在地面工程建设中主要的工作可以概括为"抓两头，促中间"。"抓两头"主要表现为：

(1) PMT+PMC 团队抓工程前期设计方案的审查和优化，与投资伙伴召开工程设计评审会和 Hazap 会议，实现设计标准化，提高方案的合理性和实用性，确保投资经济合理、安全环保达标。加强图纸会审，明确项目重点和难点，为地面工程建设创造有利条件。

(2) PMT+PMC 团队抓工程前期的招投标工作，选择合格的 EPC 承包商，保证工程的顺利完成。在招标过程中采取灵活多样的方式，能按招标程序进行的要坚决按照招标程序进行；不能按招标程序进行的，就要考虑议标。

(3) PMT+PMC 团队和用户部门抓工程后期的联合验收、试运行和投产工作，确保工程质量达到设计要求和安全投产。比如，苏丹 6 区 Fula 三期产能扩建项目，用户部门专业人员在 PMC 之前介入项目，对影响预试运和试运的问题提出整改方案，由 PMC 监督 EPC 承包商及时整改，保证了三期产能扩建项目提前投产。

"促中间"就是促进 PMC 现场施工管理工作。以 PMC 为主，对工程建设项目授标给合格的 EPC 承包商后，PMC

团队负责审核项目详细设计，并对 EPC 承包商的采购、施工进度、工期和文明施工进行全面管理。该项管理模式充分发挥了 PMC 在工程施工中的作用，强化了对 PMC 的监督和考核，使施工管理进一步严格，确保工程进度和工程建设质量。

PMT+PMC 管理的优点是投资方仅需小部分的工程管理人员对关键问题进行决策，而大部分管理工作都由管理咨询公司承担，有利于利用 PMC 的专业管理技术和建设经验，同时也有利于投资方资源的优化配置，确保投资项目受控，同时又能避免投资方在项目结束后出现大量人员无法安置的局面。

同时实行 PMT+PMC 管理，有益于强化投资控制和效益意识。

（1）投资控制主要从方案设计入手，通过做好设计优化简化、降低原材料消耗、挖潜增效和科技进步等方面来实现，确保工程建设满足功能要求，使工艺处理达到产品指标。

（2）将投资控制指标与工程建设合格率等技术指标挂钩，不会因片面控制投资而降低工程质量。

（3）以油气田开发方案为基础，根据国际油价变化，尽早做出产能建设项目的投资估算，确定投资控制的关键环节，对各项目启动顺序提前进行安排，紧密跟踪工程进展并及时调整投资，安排资金。

第三节　管道项目管理

伴随着苏丹油气业务的发展，白 1997 年起，苏丹项目开始进行海外管道建设。先后参与了苏丹 124 区、苏丹 37 区和苏丹 6 区原油管道建设，使中国石油真正开始参与管道国际化运营和管理。在经营模式上，苏丹项目积极借鉴国内外大型石油公司在管道建设和运营上的成熟实用做法，结合资源国实际情况，形成了独具特色的海外管道建设管理模式和运营模式，逐步摸索构建起一套较为完善的海外管道业务管理体系，为国内管道和后续的国际管道建设积累了宝贵经验。

一、"两步三点法"的建设管理模式

"两步三点法"是中国石油海外业务创立的海外管道项目管理模式。"两步法"包括捆绑式支持和伴随式服务两个阶段。其中，伴随式服务阶段又包括"三点法"3 项内容，即主动出击（宏观控制）法、适时介入（技术支持）法和有求必应（精细协调）法。

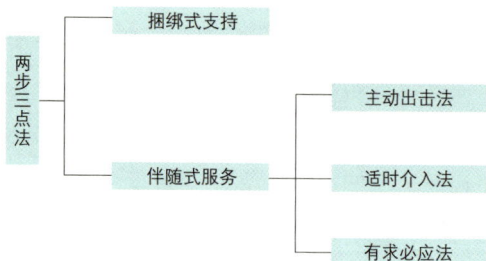

"两步三点法"管理模式示意图

"两步法"中的捆绑式支持是指在项目运作初期，项目人员尚未完全到位，项目支持服务体系（如 PMC）也尚未到位的情况下，利用中国石油的已有资源，与项目组成员捆绑在一起来启动、运作项目；伴随式服务是指项目已经搭建起支持服务的平台，即 PMC 已经到位，项目 EPC 招标工作已完成，项目管理工作重心前移到现场后管道部所给予项目的支持和服务。

"三点法"中的主动出击（宏观控制）法，是指站在中国石油的高度，对项目提前进行主动介入式管理，抓住项目的关键环节、重点工程和难点工作，进行有效的宏观控制和大局把握；而适时介入（技术支持）法是指根据项目进展情况，充分发挥项目公司业务专业技术服务方面的优势，适时对项目技术方案、投产方案等提出建设性意见，负责组织专家和专业技术人员对项目各类技术方案进行审查，并给出指导意见，根据项目现场情况进行不定期现场技术指导与服务等，以达到降本增效的目的；有求必应（精细协调）法是指针对项目公司提出或存在的比较棘手的各类商务问题和需协调事项，协调公司各专业职能部门间的关系，必要时求得高层领导的支持，帮助项目公司解决存在的实际困难和问题，与各类承包商和设备生产厂家建立沟通协调机制，加快项目施工建设进度，确保设备、材料和施工质量可靠，投资、合同与预算管理可控。

根据管道项目的上述特点，在管道运行期安全平稳运行、控制运行成本的前提下，项目的重心是海外管道项目的启动及建设前期阶段。项目公司对项目进行全方位精细化管理，重点抓好项目的策略研究和立项审批，应用"两步三点法"管理模式，对机构和人员完善、技术力量雄厚的管道项目公司执行各类方案设计审查程序，把握项目进展的大方向，控制投资规模，确保设计方案科学合理，加强风险识别与分析，降低投资风险；

尼罗河公司管道部提供全力支持，会同相关部门和项目公司，共同参与项目的日常管理与事务协调，共同推动项目有序、可控进展。"两步三点法"项目实施过程管理模式在海外管道项目上的应用，规范了招投标程序的执行，项目投资得到了有效控制，通过推行"两步三点法"项目实施管理新模式，邀请有资质、经验丰富的建设单位进行投标，坚持以"公正、公平、公开"的原则进行评标，引进竞争机制，最后挑选出了高水平的建设单位，也较大幅度地降低了建设费用。

二、管道工程建设高效施工方法

在上下游一体化项目中，管道往往是决定油田何时投产的关键。按照"有油快流"的指导思想，苏丹地区的管道建设一直秉承高效施工的理念，往往能克服现场的各种困难，实现按期甚至提前完工，为油田早日投产、原油出海外销以及投资回收创造条件。苏丹管道快速高效的成功建设，主要得益于以下两方面因素：

（1）充分发挥了中国石油的整体优势。在当时苏丹工业体系落后，且遭受西方制裁的背景下，中国石油从资金、技术和人员等方面提供了全方位的支持。如施工队伍是通过严格招标程序选用的中国石油下属的管道局施工队伍，管道工程建设队伍由从中国石油全面选拔的高水平技术人员组成，投入建设工作前每位员工都对自己负责的工作进行反复训练，达到熟练程度后方才上岗。

（2）严格遵守国际化标准，积极开展创新。为了加快工程进度，中国石油的建设公司在符合国际标准的情况下采取各种办法提高效率。如按照国际标准，在傍晚后不允许进行管道焊接，中国工人大胆创新，充分利用这段时间做好管道焊接的前期准备工作，以便第二天开工后能直接焊接。正是这些小的改进措施，对提升管道建设效率发挥了显著作用。

三、统筹规划，资源互补

在苏丹运营的上游项目均需要通过管道实现原油外输，在这些项目的管道建设过程中，中国石油苏丹项目充分发挥主导决策优势，通过统筹考虑运输线路，将管道建设中重合的线路进行充分整合，节约了投资和建设时间，提前实现投产，实现了效益最大化。

（1）37区管道借用124区原油码头装船，实现提前半年投产。在37区外输管道工程建设面临一系列困难未能按期投产的情况下，借用124区的海上终端，进行临时投产，技术可行，经济合算。

（2）苏丹6区项目稀油接入124区管道，实现稀油出海。将6区稀油管道与124区管道连接，利用124区管道将6区原油输往苏丹港出口，进一步推动了油田的平稳生产，创造了更好的经济效益。

（3）三大管道抢修资源共享。在已拥有124区管道、37区管道和6区管道三大管道系统中建立了管道抢修设备及人力资源共享机制。共享联合作业公司拥有的管道抢修资源（其中包括其合同商的设备和人力资源），提供管道应急抢修服务，以应对输油管道泄漏、破裂、爆炸或凝管等突发事件，从而缩短管道关停时间，避免引起油井关停，控制环境污染，减小经济损失。通过实施资源共享协议，把苏丹地区联合作业公司独立的维抢修队伍有机地整合到一起，做到技术资源共享、优势互补，管道维抢修能力得到明显提高，应急反应速度和工作效率也大幅提高。

（4）三大管道的类似业务整体推进，尽可能地降低成本。为保持管道安全平稳运行，各管道项目均需适时对管道进行内外检测、管道维修、计量仪表校验、配品及配件的及时采购等。通过类似业务的整体推进，有效降低了工作强度及繁琐且重复的审批，并大大降低了成本。

四、精细、平稳、高效的运行管理

苏丹项目在管道运营过程中，在"细"与"严"上下工夫，一方面加强管道系统精细化管理，另一方面强化基层管理，积极采用先进管理模式，为苏丹地区管道稳定运行发挥了重要作用。主要做法包括：

（1）全力做好管道投产和安全运行工作。在实际运行管理过程中，根据生产需求适时优化运行方案，制订出根据季节和地温、油品物性和产量变化以及炼厂接收状况等多项优化运行方案。

（2）节能降耗，优化管道成本控制。充分利用管道季节性地温变化大、上下游罐存量和输油泵高效工作区等特点，实施管道变泵经济输送模式，大大降低了管道燃料和电力消耗，重点做好设备预防性维修和备件的统一管理，通过网络化的物料管理系统，严密监控物料的消耗和储备流程，降低了不合理库存，提高物料使用效率。

（3）强化管理，独立开发综合管道管理系统。自主开发的管道运行维护管理系统，涵盖物资及设备配件管理、泵站日常维护程序管理、泵站巡检记录测评管理等多种功能，使管道沿线点多面广的管理模式统一纳入网络化集中管理。

（4）全面提升管道系统维修技能。始终把抓"三基"工作作为提高队伍管理的主要抓手，为切实加强员工的工作能力和提高其知识结构，通过"训、考、评"相结合的办法，快速培养了一大批当地管道运行管理人员。

第四节　炼化项目管理

苏丹炼化业务的运营管理以中国炼厂管理模式为基础，再结合苏丹当地的实际情况和国际炼厂管理的经验，逐步形成了一套既符合当地实际，又能够国际通行的管理模式。该管理模式涉及生产、资金、技术和人才等关键环节，形成了以高标准、国际化为特点的海外下游项目特色管理模式的经验和方法，为中国石油其他海外炼化项目提供可参考、借鉴的成功经验。

一、以 HSE 为核心的生产管理模式

安全生产是炼厂运营的第一要务。喀土穆炼厂投产以来，坚持"环保优先、安全第一、以人为本"的 HSE 工作理念，

实现了连续 14 年安全生产无上报事故、无非计划停工的安全运行纪录。这主要得益于炼厂在运营中突出了符合国际化运作的 HSE 管理体系建设，以及坚持实施和完善安全保障措施。

（1）引进先进的管理体系。喀土穆炼厂邀请西方质量认证公司作为第三方审核机构，采用国际规范和标准，提升和完善各项制度。并通过国际咨询公司对炼厂现有组织机构进行咨询、诊断、调整、优化，设置了以生产为中心，安全、技术、设备、工程、财务、人事、行政、培训和后勤服务等系统围绕中心、服务生产、提供支持的体系架构，从而全面引入国际规范的管理体系和制度。

（2）高度重视安全环保，确保措施落实到位。喀土穆炼厂运行的 14 年间，严格按照中国石油和海外勘探开发公司颁发的符合国际规范的 HSE 体系来实施，建立健全喀土穆炼厂 HSE 管理体系，通过体系内审、外审，实现对体系的持续改进和完善。炼厂从制度、岗位责任以及员工的业务素质、安全意识和安全技能的培养与考核、HSE 文化建设等方面进一步落实"抓安全，必须以人为本"的理念。同时，炼厂将保护和改善当地生态环境作为展示中国石油负责任大企业形象的重要体现，将绿色发展作为企业科学发展和可持续发展的重中之重，在污水处理、绿化带建设等方面都做了大量卓有成效的工作。

二、以预算为核心的资金管理

喀土穆炼厂的固定回报模式使苏丹政府在资金管理上高度重视，重大决策需由中苏双方共同商定，形成了一套完整严格的以预算为核心的合资公司资金控制体制，使得喀土穆炼厂运行投产以来，资金运作平稳、安全、受控。

（1）在预算方面，喀土穆炼厂预算实行"自上而下、自下而上"的编制原则。每年8月，公司管理层向各成本单位发出通知要求编制预算，各成本中心按照各自的工作量计算预计支出，并上报到财务部进行汇总。经财务部和管理层内部讨论后，上报海外勘探开发公司和苏丹石油部。最终预算结果将由年度董事会会议或苏丹石油部批准。编制预算后，各成本中心将按照各自预算分配次年的工作，并按月、季度、半年进行通报，加大管理的力度。同时，总经理需要在后续的董事会会议上通报预算执行情况；执行情况与预算有严重出入的，需要在董事会会议上做专门解释。

（2）在资金管理方面，中苏双方共同作为资金管理的主体，实施严格规范的审批和审计制度。喀土穆炼厂在苏丹当地及外国的银行均开设了账户。苏丹当地账户主要用于接收苏丹石油部支付的部分加工费，结算苏方员工工资、福利及当地发生的采购及劳务支出；外国账户主要用于接收苏丹石油部每月支付的加工费，结算中方员工工资、福利及第三国或中国的物资采购。苏丹当地银行的一切款项支付均实行联签制度，即由中苏双方被授权人各一人联签。有权签字人由中苏双方分别提名，基本保证中苏双方有权签字人对等，并且必须实行支票中苏双签。

三、多举措优化炼厂运营管理

喀土穆炼厂在运营管理中，通过采取对标管理和技术支持管理相结合的方式，在实践中不断摸索创新，积累了很多先进的管理经验，并获得了相关领域重大的技术突破。

（1）积极实施对标管理，不断提升经济效益。为提高喀土穆炼厂经济效益，尼罗河公司聘请国际咨询公司进行会诊，将喀土穆炼厂的主要经济指标与国外炼厂进行对标，从中找出喀土穆炼厂的优势与不足，对存在的问题进行研究并找到解决方案。

（2）加强技术创新，实现重大技术突破。喀土穆炼厂根据苏丹油品的特点针对性地实施技术创新，成功解决了加工高酸类原油造成的腐蚀问题，以及原油中金属钙在加工过程中对设备和产品质量造成的严重危害问题。通过喀土穆炼厂的成功运行，中国石油不仅成功掌握了加工此类原油的工艺技术，为其他炼厂加工此类劣质原油提供了技术方向，而且填补了直接加工高酸、高钙类劣质重质原油的技术空白。

（3）建立多层次技术支持体系。针对苏丹技术支持力量不足的现状，炼厂充分利用中国国内各研究院和石油院校技术力量提供支持服务，与国内的华东设计院、中国石化工程公司、中国石化石油化工科学研究院、中国石油石油化工研究院、中国石油大学建立了良好的战略合作关系，为解决各种技术问题，保证炼油项目的生产顺利进行提供技术支持。

（4）重视信息化建设。喀土穆炼厂是中国石油海外项目公司中最早应用计算机网络技术的公司。炼厂先后建立了仿真培训系统，实施数据库系统、MES 系统，应用先进技术指导生产管理，培养出了一批技术水平过硬的信息化管理和运营团队，有效支持炼厂高效运营。

四、以国际化人才培养和当地化为目标的人才管理

喀土穆炼厂作为一家国际化的炼油企业，人员的组成和培养需更加符合项目特点和资源国的现状。因此，在对喀土穆炼厂的人力资源支持方面，喀土穆炼厂从员工来源、培养和使用方面都有一些创新的做法。

（1）创造性地提出"整建制借聘"方式解决炼厂所需人才。苏丹上游勘探开发项目均采用以个人为主体的借聘方式，而喀土穆炼厂运营需要以团体为主体负责喀土穆炼厂整套装置的启用和运营。因此，炼厂在聘用人员上采用在同一单位整建制的借聘方式，实现了短时间内炼厂快速投入运营。

（2）加强员工培训，提高员工素质，打造一支国际化人才队伍。注重对员工英语语言能力、技术能力和国际化能力的培养，有针对性地结合员工自身特点和海外事业需要制定了职业生涯规划，强化员工培训。

（3）努力培养苏方员工，为员工当地化提供保障。为了提高当地化员工比例，提升当地员工的工作水平，培养出一批苏丹石油人才，炼厂制定了一系列相关制度，建立完善的苏方员工培养考核体系，激励和督促中苏双方员工，按照培训计划，有步骤、分阶段对苏方员工开展技术培训和岗位练兵。随着苏丹化工作的开展，截至 2015 年年底，喀土穆炼厂累计完成岗位苏丹化和人员苏丹化 477 人次，苏方员工比例已达到 85%。许多被中方培养出来的苏方技术工人甚至被中东一些海外国家的炼化项目高薪聘用，有人甚至将苏丹喻为海湾国家石化员工的培训基地。

第十章
计划投资与财务预算管理

投资计划管理与财务管理水平，决定着石油公司可持续发展的能力。苏丹项目作为中国石油海外合作最早的三大项目之一，也是海外业务实施国际公司联合经营模式的第一个大项目。苏丹项目所形成的国际化投资计划与管理模式，是在国际石油公司管理模式基础上，将国内管理制度与国际惯例相结合构建而成的具有中国石油特色的国际项目管理新模式。随着苏丹项目的成功，这些做法后来被推广到中国石油海外的其他项目，对中国石油海外业务实现优质、高效、可持续发展做出了巨大贡献。

第一节　全过程计划投资管理体系

苏丹项目通过充分借鉴国际投资管理的最佳实践，在中国石油投资管理的体系框架下，以规范程序流程、提供决策支持、控制投资成本、提高投资效益为目标，经过多年的实践，建立了从项目前期管理、项目过程管理到项目事后管理的投资全过程管理办法和流程，加强对各个关键节点的把控，构建了从项目规划、项目立项、可行性研究、项目实施到项目后评价等全部环节的闭合投资全过程管理体系。

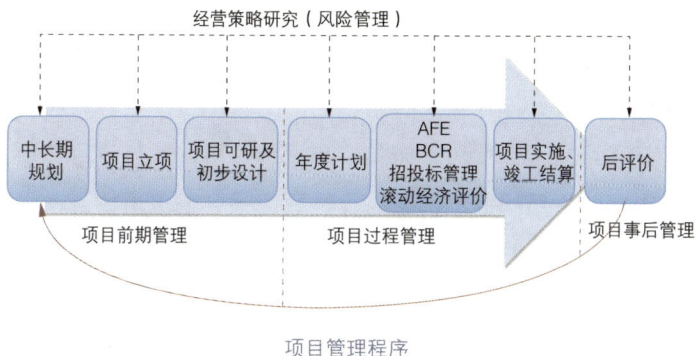

项目管理程序

一、项目前期管理

项目前期管理是投资管理的关键环节，通过严格履行投资项目前期论证审批程序，从源头控制投资规模和投资结构，对保证投资效果和提高投资效益具有至关重要的作用。

项目前期管理主要包括中长期规划、项目立项和项目可研及初步设计 3 个环节。其中投资项目中长期发展规划是投资全过程管理的初始环节，是安排投资项目和制订年度计划的重要依据。投资项目中长期发展规划主要确定投资方向和结构，明确重大项目、投资规模和投资效益预期，根据规划落实情况和海外经营环境变化每年滚动编制。规划编制采用以项目为基础，以专家为依托，全员参与的"自下而上、自上而下、上下结合"方式。在规划过程中，苏丹项目组织各下属单位进行充分沟通和协调，确定地区公司的规划方案报海外勘探开发公司进行审批。其间与海外勘探开发公司召开多次讨论会和协调会，反复调整优化规划方案，最后确定最终方案。统筹兼顾，突出重点，深入开展规划的优化工作是中长期发展规划编制的基本特点，并且特别注重以效益为中心，突出战略重点，转变发展方式，加强风险防范，提升资产品质。

在项目立项、项目可研和初步设计环节，苏丹项目各项目公司主要负责组织编制项目可行性研究报告或申请报告，由地区公司统一组织预审，预审通过后方可报海外勘探开发公司进行审查。在可行性研究报告批准后，才开展项目初步设计工作。初步设计由苏丹项目机关和下属各项目公司根据批准的可行性研究报告，委托具备相应资质的设计单位编制。初步设计内容及深度应达到资源国、中国石油和行业相关规定要求。只有项目初步设计批复后才能列入年度投资计划，项目投资必须控制在批准的初步设计概算额度内。

二、项目过程管理

项目过程管理是项目管理的中间环节，也是核心环节，通过年度计划以及建立完善的单项投资费用审定单制度（AFE）、单项投资预算变更审批制度（BCR）、重大采办审批制度及滚动经济评价等一整套投资项目全过程跟踪与监控体系，保证项目按期、保质完成，并将投资控制在总体目标范围内。项目过程管理主要包括年度计划预算制订、实施阶段过程控制和项目结算 3 个环节。

年度计划预算制订是投资计划管理的核心工作之一。苏丹项目计划部负责公司年度预算与年度调整预算的编制、上报和协调工作。年度预算编制完成后即成为尼罗河公司年度工作执行的具体准则。所有业务的开展均围绕公司年度预算进行，所有业务必须纳入预算管理范畴。在地区公司与项目公司的管理界面上，尼罗河公司具有综合协调管理职能，提前组织对各项目公司年度计划进行预审，在地区公司层面以效益为中心，针对不同项目制定了有保有压、有松有紧的差异化投资安排策略。项目公司再根据地区公司统一安排来调整预算。

苏丹项目的计划预算管理流程，包括预算编制、预算执行、上报等环节，程序依此可分为：确定目标和策略、部门编制、投资伙伴会议讨论、制订工作计划及预算、投资伙伴批准、董事会批准、政府批准。若在执行过程中，对生产经营活动有变更，则需要编制调整预算，以符合公司发展需要。主要特点包括：

（1）编制周期长。从开始计划到最终报送政府需要历时半年。其中预算编制阶段为每年 5—9 月，预算审批阶段为每年 9—10 月；预算上报阶段，每年 10 月报投资伙伴，11 月报政府。

（2）管理层级广。内部涉及的管理层级包括业务部门计划专人、经营计划部、相关部门等；外部包括投资伙伴预算管理会、政府预算管理会等。

（3）专业部门交流多，审核层面多。专业部门涉及勘探、开发和经营管理等，每年召开两次以上的研讨会，一方面对目前项目执行情况进行总结，对地质、开发方案、经营运行进行管控；另一方面对公司下年的预算进行审核，会议包括投资伙伴和政府代表，依据会议结果可对下一年度的整体规划有全面的认识。

审核层面包括联合作业公司联管会（JOC）和联合协调委员会，每年这两个专门机构都要召开会议，审议公司整体预算方案，确定总盘子，制订符合投资方和政府意愿的公司工作目标、工作量计划以及投资预算。

从以上介绍可以看出，苏丹项目预算管理具有横纵结合的特点，横向是联合作业公司、投资伙伴、政府的专业技术人员团队对预算内的总结，纵向为联合作业公司内部从业务执行部门、预算管理部门到公司预算管理委员会的审议，横纵有机地联合形成一整套预算编制和管控体系，使得项目公司全面预算管理得以有效执行。

三、项目事后管理

项目事后管理主要是指项目的后评价工作，通过对投资项目的前期论证决策、可行性研究、设计施工、竣工投产和生产运营等全过程和项目目标、管理及风险控制、效益、影响与可持续性等方面进行综合分析和评价，促进投资项目决策、管理水平和投资效益的不断提升。

计划部门为后评价工作日常管理部门，按照尼罗河投资项目后评价相关规定和年度工作计划，组织开展本地区公司的后评价工作，负责组织编制本地区（项目）公司后评价工作规划和年度工作计划，经本地区公司批准后报中国石油海外勘探开发公司，负责组织本地区公司后评价成果总结、信息反馈和成果应用、业务培训和交流等工作。

在后评价中，主要采用前后对比法、横向对比法和有无对比法，分别将项目建成投产后的实际效果同项目立项决策时所确定的目标及各项技术经济指标等进行对比，将项目与国内外同类项目进行对比，将项目建成投产后实际发生的情况与没有项目时可能发生的情况进行对比，并按照计划下达、开展评价、审查验收、整改落实4个阶段展开。

后评价工作的开展，使苏丹项目投资管理形成了闭环管理模式，促进了投资项目全过程管理的实现。

第二节　全面实施的预算管理

项目实施阶段是投资控制的核心环节，其间过程控制主要通过预算管理实现。经过不断探索，苏丹项目从实践中总结出一套行之有效的预算管理方法，通过把控单项开支预算许可、预算变更申请、月度预算执行情况分析报告和财务系统等关键环节，确保投资规范、有效。

一、预算管理的核心：单项开支预算许可

单项开支预算许可（Authority for Expenditure，AFE）是实施预算管理的主要手段。目的是严格控制各项投资、成本支出。AFE主要包括编制、控制和审批3个环节。其中，在编制环节，由各业务部门根据年度预算和成本估算向财务部门提交费用审批单。在控制环节，按照联合作业公司制定的处理程序，财务部门依据多年积累的成本定额及当年预算，严格

审核部门提交的审批单中的各项支出，剔除不合理支出后再进入 AFE 的审批环节。在审批环节，按照有限授权的程序，由联合作业公司大部总经理及副总裁、总裁审批，最后再报请股东审核、批准，各股东再根据投资策略对各项投资进行批复。联合作业公司中每花一分钱都必须得到股东的批准，通过该项制度和程序的严格执行，达到了控制作业成本的目的，使得苏丹地区无论勘探、开发和钻井成本，还是操作费水平，都保持在国际领先水平。

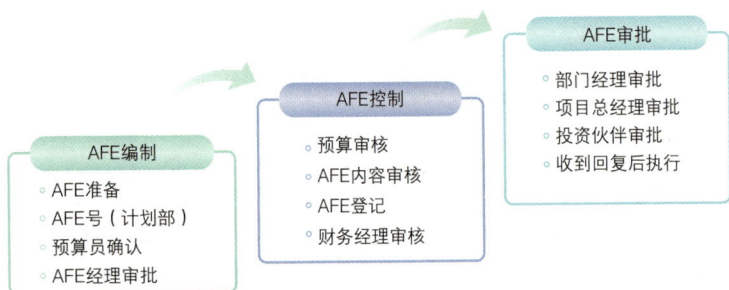

AFE编制
- AFE准备
- AFE号（计划部）
- 预算员确认
- AFE经理审批

AFE控制
- 预算审核
- AFE内容审核
- AFE登记
- 财务经理审核

AFE审批
- 部门经理审批
- 项目总经理审批
- 投资伙伴审批
- 收到回复后执行

单项开支预算许可流程图

二、预算管理的其他控制环节

1. 预算变更申请

预算变更申请（Budget Change Request，BCR）是项目联合作业公司针对资源国政府审批后的年度预算（WPB）变更执行的审批管理程序。监控和管理由于经营环境和生产需求等方面产生的年度预算动态变化，根据生产经营实际情况及时做出预算调整，确保项目年度预算科学、规范、有计划地运行，实现总体预算可控。

在审批环节上，按照有限授权的程序，由联合作业公司主管负责的各大部总经理、副总裁及总裁审批，最后上报请股东审核、批准，各股东再根据投资策略对各项投资进行批复。

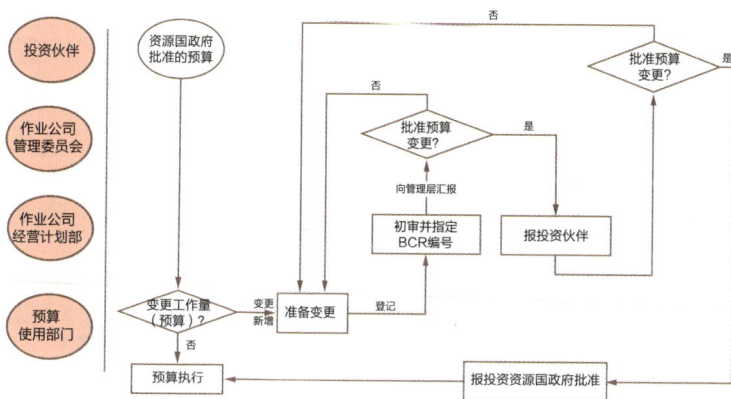

预算变更申请流程图

2. 月度预算执行情况分析报告

月度预算执行情况分析报告(Budget Variance Report，BVR)是联合作业公司预算执行过程中的一种监控手段。通过BVR，联合作业公司各部门可清晰了解各自预算执行现状（已用预算和剩余预算），以便发现问题及时解决（如遇单项预算不足时，可及时履行BCR程序等），杜绝计划（预算）外工程，使公司始终保持在正常轨道上运行。

3.ERP 控制

通过财务系统，进行预算执行控制（如发票金额累计超出系统内预先设置的预算金额时，自动停止执行）。

PBC(Planning Budget Committee，计划预算委员会)：季度审核预算执行情况。

JOC(Joint Operating Committee，联合作业委员会)：审议预算执行情况。

Audit：投资伙伴审计、政府审计。

第三节　管控清晰的财务管理体系

财务管理是现代企业不可或缺的管理手段，它是企业为了实现既定的整体目标，对企业投资、筹资、资产、成本、运营资金、利润分配进行的全过程管理。在现代企业管理中，财务管理是一项涉及面广、综合性和制约性都很强的系统工程，它通过价值形态对资金运行进行决策、计划和控制，是企业的核心内容。安全、高效的财务管理体系是企业财务管理的重要基石，苏丹项目各联合作业公司通常采用扁平化的财务管理组织架构，建立严谨细致的财务管理流程与制度以及权责明确的分级授权体系，确保了公司财务工作严谨、精细、高效开展。

一、扁平化的财务管理组织架构

扁平化管理模式的财务管理体系的优势在于使财务管理可以从大处着眼，实施"事前控制"措施，盯住能够有效控制运营成本措施的环节；可以优化业务结构，减少企业管理层次，从而有效降低企业的运营成本和经营风险；可以实施会计集中核算，缩短管理链条，克服信息阻隔、信息传递速度衰减等不利因素；可以从小处着手，认真落实好每个单位成本支出环节和岗位，减少现金流出量，提高企业运作效率。

苏丹项目联合作业公司财务管理采用扁平化管理结构，实行在总部一级核算的会计核算模式。财务经理下设不同科室，分总部和前线业务处理，在科室间形成有机的物理传递链条。对每一科室的职能进行明确的定义，对科室间界面、物理交接也有明确的规定，形成一整套行之有效的、管控清晰的财务管理体系。以苏丹 124 区项目财务组织结构为例：

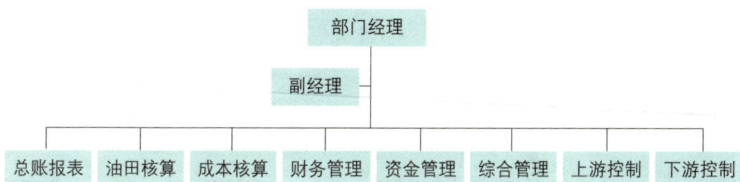

苏丹 124 区项目财务组织结构图

在岗位设置和分工上，除财务部经理、副经理负责财务的全面工作外，还设有总账报表、油田核算、成本核算等 8 个岗位，并对各岗位的主要职责进行了明确界定。此外，联合作业公司为满足国际化的要求，在人员的配备上也有多重考虑。首先，财务队伍是一个业务整合和监管的联合体，在财务组织形成之初就确定了相关岗位的各个投资伙伴的人数，由有经验的投资伙伴代表充实到财务队伍，使得财务管理系统得以有效运行。在财务内部，投资方的管理可以延伸到项目公司内部，而因按照公司相关程序，若业务同股东有直接关系，则需要通过部门会议决定。在财务管理岗位设置方面，相关财务管理岗位人员由各股东代表担任，协同管理、相互制约，通过有机联系推动业务适应不同管理和不同文化的需求。

二、严谨细致的财务管理流程与制度

为确保财务工作严谨、精细、高效开展，联合作业公司建立了整套财务管理流程和制度，并依据各部门的职能、人员规模和业务开展进行结算流程设计。流程制度设计严谨、精细和高效，主要体现在以下 3 个方面：

（1）充分利用 ERP 系统，确保项目公司财务管理在全面预算管理下，结合一整套的有限授权和横纵交叉检查的管理方式，使得财务工作严谨细致，差错率大大降低。

（2）财务管理流程全面覆盖，项目公司财务核算和经营有关的业务全部纳入财务管理流程中，联合作业公司有 30 多个财务管理流程，包括账务处理、资金运营、发票处理、资产管理、合同管理等方面，通过细致的账务处理和数据统计，真实客观地反映了项目的经营管理状况，通过完善制度、规范程序、跟踪监督等管理手段，为经营管理工作的提升和重大决策提供数据支持，同时提升了管理的科学化和规范化。

（3）通过财务管理流程的优质运行，公司能够合理调配资金和科学理财，对生产业务起到了积极的辅助作用，使管理的科学化得以有效实现。此外，项目公司的流程体系不仅设立了内部流程，同时建立了一整套报告流程。这些流程针对不同业务需要按照其管理职权，分别由公司内部处理或上报投资伙伴和政府，依照流程完成后才能真正形成联合作业公司最终数据或执行方案。

以项目发票处理程序为例：在发票登记环节，利用发票追踪系统，对由供应商和承包商提交的发票进行登记，形成付款申请单（Payment Request，PR)，PR 基本信息需要填列。发票一经登记，将不断记录发票流程，包括处理基本意见和位置。在审核过程中，在初审阶段，部门预算人员需要填列发票需要使用的预算号、合同号等，同时部门负责该事务人员进行确认；在部门经理审核阶段，需要审核和确认项目执行进程以及同该业务相关信息并签认，涉及多个部门，相关部门经理需要签认，发票金额超过一定额度，需要相关主管业务的总经理、副总裁或总裁审批。

三、构建完备核算体系，准确反映经营成果

联合作业公司会计核算按照国际会计准则、产品分成合同和管输协议中规定的会计程序执行。联合作业公司作为一个成本中心，负责项目成本的归集、产品的分成和管输费用的计算，按月为政府和投资伙伴提供提油方案。主要的做法包括：

（1）通过 ERP 系统的应用实现集中核算。联合作业公司总部财务资产部运用 ERP 系统实现财务集中一级核算。油田现场只保留备用金，用于零星支付和库房出入库材料结算管理。财务资产部拥有一套完整的发票审核及业务处理流程，各个职能科室按照流程及制度进行发票审核，按照核算单元归集成本。

（2）按照"篱笆圈"原则对核算单元进行划分。产品分成合同明确规定，成本回收是以"篱笆圈"为原则，并且对不

同区块的成本回收和利润分成的机制进行了严格的界定，因而联合作业公司的成本核算是以合同区块作为单元建立成本核算中心，通过各个成本核算中心核算不同区块的成本费用，进而确保成本回收和利润分成的准确性。

（3）依据合同进行成本归集，准确实现成本回收。依照产品分成合同，各个单一的成本要素被正确归集后，形成上游支出（勘探、开发和生产成本）及下游支出（管道建设和管道运行）。项目公司通常通过产品分成模型，完成上游可回收成本到成本油的转换和管输费计算。上游支出通过成本油完成回收，下游支出通过收取管输费实现成本回收。

为准确实现成本回收，苏丹项目严格遵循产品分成合同，结合预算管理内容，按照财务管理核算的基本要素进行成本归集，成本形态分类有资本性支出、勘探支出、开发支出、技术支持支出、管理部门投资支出、管道建设支出、费用性支出、原油作业支出、技术支持费用支出、管理费支出、下游项目费用支出。所有费用必须依据"篱笆圈"的原则，按照合作区块进行费用分类，分区块归集，依据公司的管理特性完成归集费用的成本分摊过程，依据产品分成合同要求再将所有费用归集为上游支出（包括勘探支出、开发支出、生产支出）和下游支出（包括投资支出、费用支出）。

第四节 安全高效的资金管理

资金管理是财务管理的核心内容之一。安全高效的资金管理为企业正常经营和发展提供了最基本的保障。联合作业公司一方面严格执行收支两条线管理，确保资金安全，并通过采用筹款等方式全面实施预算管理，确保了资金能统筹安排，提高效率。

一、收支两条线，降低资金风险

"收支两条线"，是指企业执行的大司库管理方式，所有下级单位的依法取得收入全额缴入公司收入大库，项目的支出通过编制预算由上级单位进行统筹拨款方式进行。采用"收支两条线"管理对企业具有重要意义，表现在：资金的统一收缴，有利于企业真正掌握资金动态，规范执行收入单位的资金管理行为，可以从源头上控制资金脱钩管理，防止下级单位因个人或小集体利益而进行资金截留或资金挪用的行为。减少资金小金库建立的风险，有利于企业资金的再分配。收入统一管理有效地解决了大量资金体外循环的问题，提高资金需项目公司核实透明度；支出纳入预算管理，可以通过合理分配，主导、引导下级企业的支出行为。

二、根据预算进度，合理安排筹款

筹款（Cash Call）是国际石油作业中筹集资金的通用做法。项目公司的筹款完全纳入全面预算管理系统中，每年根据公司工作计划和预算（Work Program & Budget，WP&B）以及工作计划和预算调整（Work Program & Budget Revision，WP&BR）对投资总额进行总额控制，WP&B按照季度编制，用季度控制方式规范公司支出在预算内执行。月度筹款依据本季度的工作量执行情况，执行程序为：第一步，确定月度成本支出的总额度。第二步，财务和业务管理部门跟踪发票系统获取近一个月的发票清单，对于发票按照设定的成本类别进行归集、分类；若有上下游的需要，则按照上下游进行分类。第三步，获取未包含在发票跟踪系统中的紧急采办合同金额。之后根据联合账单报告（Joint Interest Billing，JIB）中实际成本与投资伙伴实际付款的差异调整计算出应向各投资伙伴筹款的金额，同时对未来 3 个月的筹款进行预测，以便投资伙伴筹措资金。第四步，发出筹款通知并作出相应会计处理，以此严格按照程序进行资金收付，确保资金安全。

三、打造资金通道，实行抵消支付

抵消支付（Offset），是指项目投资方代项目公司向第三方支付款项，抵消对项目投入的结算过程。在苏丹项目的操作中，项目投资方是指中国石油海外勘探开发公司，第三方是指为项目公司提供物资及服务支持的承包商和合同商，抵消支付的过程是由中国石油海外勘探开发公司直接代项目公司向第三方支付款项，抵消项目公司对投资方筹款的结算过程。

抵消支付的实施，可有效提高资金结算效率，避免资金划转风险，降低银行手续费等资金管理成本。同时，抵消支付对特殊情况下项目公司实现正常结算、保障项目公司运作不受资金问题影响发挥了重要作用。苏丹 124 区项目建设初期，投资方需投入大量的资金以完成油田生产管理设施的建设，但当时中国国家的外汇储备和外汇政策使得中国石油无法完成大额外汇资金的筹集。为了不影响项目正常建设和中国石油国际声誉，中国石油利用在苏丹有许多公司乙方队伍提供服务的有利条件，推动实施了抵消结算，极大地缓解了外汇短缺等造成的资金压力，保证了工程项目的快速建设。

第五节　统一协调的税收筹划

苏丹税收法律健全，但执行和监管乏力，税收征管随意性大。苏丹地区税收筹划工作组坚持"一盘棋"原则，统一协调，成功化解了多次纳税危机。

一、税收筹划管理体系建设

苏丹征税采用"预交＋补交"方式。纳税人每年 4 月和 10 月两次对核定的税金进行支付，如果纳税人没能按时纳税，每延迟一月按照应缴税金的 1% 罚款。任何进一步的延期，都将遭到财产扣押，受到法律制裁；偷漏和虚报税金，将导致罚款或关押。

1. 税收管理区域协调原则

（1）中国石油苏丹地区企业协调组层面，协调共性、宏观事宜。

（2）中国石油驻苏丹单位层面，在应对苏丹税收征管方面一致行动，各单位相互学习，交流经验，分享信息。

（3）各驻苏丹单位与其总部层面协作，落实"谁主管，谁负责，谁操作、谁配合"，以确保税收筹划工作的顺利进行。

苏丹地区税收筹划工作组就是协调上述 3 个层面税收管理工作的桥梁，疏导和引导驻苏丹各单位合法纳税、合理避税，以"一盘棋"的大局观念指导各单位税收管理工作，最大限度地维护各单位利益。

2. 税收筹划工作组的主要任务

（1）建立税收筹划平台，健全沟通机制，实现信息和经验共享。

（2）统筹各单位了解苏丹税收法律、具有税收筹划经验的财务人员，组成长期稳定的专业团队，指导税收管理工作。

（3）确保各单位在"合法经营、依法纳税"的前提下，有效应对苏丹税收征管和审计，通过税收筹划，减轻企业税收负担，增加企业效益，加强税收风险防范。

3. 税收筹划管理体系

各驻苏丹单位按照税收管理的相关规定进行税收管理，组建税收管理工作小组，落实主管领导问责制。

（1）追求效益与风险防范相结合。二级单位的税收管理工作要注重细节，税收筹划贯穿于项目运作始终，不能一手硬一手软。

（2）税收筹划与项目管理的有机结合。突出税收筹划的超前性与完整性，将税收筹划工作按照项目管理的调研、投标、中标、项目运作和项目完成 5 个阶段进行管理。

（3）税收筹划工作强调各部门的紧密配合。突出税收筹划的整体性原则，税收管理工作小组，将市场调研、公司注册、标书及合同评审、设备物资管理等各环节有效地组织在一起，形成由财务部门牵头、各部门分工合作、统一协调的运转机制。

（4）加强税收管理的监督监控和执行。在调研阶段，加强对财税报告的审核审批；在投标报价阶段，将税收筹划融入合同内容；项目启动前绸缪税收筹划方案；项目运作过程中实施税收筹划方案，加强税收筹划方案的执行和监督监控，加强风险防范。

（5）加强基础工作管理。加强对外账的管理，规范、完善外账，做到以不变应万变。

二、纳税筹划工作

在纳税筹划具体措施方面，苏丹地区税收筹划工作组和各驻苏丹单位共同研究，针对苏丹、南苏丹税法及相关政策，从项目前期准备开始，贯穿项目的整个运营过程，开展税收筹划工作。一是合理筹划资本结构，优化债务资本的比重，制定合理的利率政策；二是根据能源行业关税及增值税的减免政策，筹划物资、材料、设备进出口环节的税收；三是研究国际惯例，通过转移定价、固定资产租赁、技术服务、新技术应用及设备升级等措施开展成本费用筹划；四是合理安排资金占用费、上级管理费等相关费用的分摊程序和比例。通过各项税收筹划措施的应用，减轻了企业的税收负担，增加了经济效益。

第十一章
股东事务与合同采办管理

中国石油在苏丹的投资项目均为合资项目，中国石油作为投资项目的重要股东方，秉承互利共赢、合作发展理念，充分发挥自身优势来切实做好股东事务管理工作，以此推进苏丹投资项目平稳运营。同时，加强合同采办管理也是确保利益的关键环节。通过 20 年的探索和实践，中国石油在苏丹建立了一套科学、严谨、有效的股东事务与合同采办管理方法。

第一节　股东事务管理

股东事务管理是苏丹项目管理模式的重要组成部分，在苏丹项目的发展过程中发挥着重要作用。苏丹股东事务管理始终秉承"互利共赢、合作发展"的原则，遵循国际油气合作规则，遵守中国和苏丹各项法律法规，充分发挥产品分成合同中合同者作用的基础上，在苏丹与资源国政府和外国投资伙伴长期合作过程中发展总结形成的。

一、股东事务管理的主要内容

股东事务管理是指按照中国石油天然气集团公司和中国石油海外勘探开发公司的有限授权，尼罗河公司作为股东，代表中国石油依据各项目公司的产品分成协议、合资协议、股东

（投资伙伴）协议、联合作业协议等基础合同，通过股东会、董事会、联合管理委员会、联合作业委员会等治理机构会议，行使股东权利，处理尼罗河公司和各项目公司在执行基础合同过程中所产生的影响股东权益的事项。

二、股东事务管理的主要做法、特点

自 1995 年中国石油进入苏丹开展石油合作以来，到 2011 年 7 月南苏丹宣布独立，中国石油和苏丹政府、其他投资伙伴之间的合作关系良好，商务问题和合作上的分歧虽偶有出现，但相关方均能按照基础合同的约定，友好协商，妥善解决出现的商务问题。

随着 2011 年 7 月 9 日南苏丹宣布独立，大部分石油资源划归南苏丹政府，苏丹、南苏丹的石油合作项目不仅经历了油田及设施重新划分、上游勘探开发与下游管道运输分离等复杂独特的商务问题，也先后经历了油田停产、两国在主要产油区的军事冲突、南苏丹内战等严重的社会安全问题，且两国经济状况均有恶化趋势，通货膨胀严重，导致两国政府尤其是苏丹政府面临巨大挑战和压力。石油作为两国政府收入的最主要来源，石油合作项目必定是两国政府和人民关注最多的焦点，尤其是自 2014 年下半年以来，国际油价持续下跌，并维持低位徘徊的局面，商务问题也随之不断增多，对尼罗河公司股东事务管理提出新的要求和挑战。在中国石油与苏丹政府和其他投资伙伴近 20 年的合作过程中，尼罗河公司坚持以共赢为前提，积极谨慎地处理好与资源国和投资伙伴的合作关系，成功地应对了南苏丹分离、上下游业务分离等复杂的商务问题，在尊重资源国政府和伙伴公司利益的基础上，切实维护了中方利益，实现了多方共赢。

（1）始终秉承"互利共赢、合作发展"的原则。面对错综复杂的政治、经济、社会安全形势和政府不时提出的不符合国际惯例和基础合同规定的要求，尼罗河公司始终秉承中国石油"互利共赢、合作发展"的原则，既对资源国政府表示高度的尊重，又要求政府尊重与外方投资伙伴达成的各项原则协议，从两国长期友好关系和两国人民传统友谊的大局出发，把"合作共赢"作为双方在商务问题上谈判和妥善解决的最终目标。

（2）遵循国际油气合作惯例，遵守双方签署的基础合同。在中苏石油合作过程中，尼罗河公司始终坚持遵循国际油气合作惯例，充分利用中国石油海外合作项目众多的优势，积累国际油气合作先进理念；投资伙伴与政府签订的产品分成合同、原油管道协议、原油运输协议以及股东之间签署的股东协议、联合作业协议等合同是所有作业合同的基础性文件。作业过程中遇到的任何争议问题，政府与投资伙伴之间，投资伙伴与投资伙伴之间都必须以各方共同签署的基础合同条款为依据，实事求是，有理有力有节，妥善解决各类商务问题。

（3）审时度势，科学制定谈判策略。在商务问题的处理过程中，相关方因利益诉求不同，经常出现中方与政府或个别投资伙伴对某一问题立场有分歧的情况，尼罗河公司针对不同问题进行专项研究，制订各种情境下的应对方案，科学制定谈判策略，在与政府或投资伙伴的交往中，把握有理有力有节的原则，准备多个方案，既保持一定的灵活性，同时又有原则和底线，切实维护了中方利益。

（4）高度重视，成立专门部门，夯实制度基础。尼罗河公司始终高度重视在业务发展过程中的股东事务管理工作，严格按照"依法规范、充分行权、授权管理、分级负责"的原则，对所属各项目进行股东行权管理，树立法人管理理念，有效维护中方投资权益。按照海外勘探开发公司的要求，成立了股东事务部，加强人员配备，并颁布实施了《股东事务管理办法》，夯实制度基础，依规行使股东权利。

三、代表性案例

南苏丹独立后，按照全面和平协议的规定，南苏丹政府全面接管南方境内的油田。由于原产品分成协议是由投资伙伴与原苏丹政府签订的，南苏丹政府对原协议的处置存在4种可能：一是直接沿用原协议；二是对原协议进行形式修改；三是对原协议进行实质性修改；四是废除原协议，直接签署新协议。

为维持合同条款的有效性、持续性和稳定性，保护好中国石油在南苏丹的重大投资利益，尼罗河公司努力争取获得第二种情形，它既能满足南北方独立的现实需求，又不对外国合同者的权益产生实质影响，为此，尼罗河公司在中国石油和中国石油海外勘探开发公司的正确领导下，借助中国政府的力量，联合其他4家投资伙伴，形成了"一个团队、一种思想、一个声音"的投资伙伴协作理念，共同聘请英国知名律师事务所提供法律支持。面对政府各层面人员强烈的主权意识和亢奋的情绪，加上西方律师的有意误导，投资伙伴之间也出现过意见分歧，甚至临阵倒戈，谈判异常艰苦。

在谈判过程中，中国石油代表坚定目标立场，积极作为，主导并有效控制着谈判进程，通过加强对各类合同、协议的研究，加强与投资伙伴的联合，做好会上和会下两方面工作，本着坚持"大原则不妥协、细节问题求大同存小异"的思路，经过 7 轮长达 5 个多月的艰苦谈判，2011 年 12 月 23 日与南苏丹政府草签了 124 区项目的过渡协议，正式协议于 2012 年 1 月 13 日正式签署。

过渡协议的签署为南苏丹 124 区和 37 区项目的运作提供了合同和法律基础，其主要条款体现了外方投资伙伴的意图，投资伙伴的共同利益基本得到了保证，为中国石油在南苏丹业务的可持续发展提供了法律保障。

第二节　合同采办管理

一、规范的合同招标流程最大限度保护公司利益

对于招投标及采办业务，苏丹项目联合作业公司制定了《采办招标政策和程序》报投资伙伴和政府批准，包括采办程序、招标委员会 (Tender Committee，TC) 工作程序等。

联合作业公司招标委员会由总裁、副总裁和 3 个大部总经理组成，采办部经理担任秘书，法律部经理担任法律顾问。招标委员会成员在每次会议上对用户部门和采办部门联合上报的

合同策略、技术和商务评标结果进行讨论、审议、批准并负责澄清投资伙伴和苏丹政府提出的有关问题。公司内部的采购决策需要招标委员会上讨论，每周（或每隔一周）招标委员会都要在固定的时间召开会议，讨论、决定有关问题，再根据董事会规定的有限授权，将结果报请投资伙伴和政府批准后，推进实施。

采办部是起草和执行采办和招投标委员会工作程序的执行和监督部门，采办部要履行好职责，与用户部门及时沟通，遵守程序，同时要与财务部门及时沟通，共同执行"没有合同不付款"（No Contract，No Payment）的原则。以苏丹124区项目为例，采办部经理即招标委员会秘书是招投标整个过程中大尼罗石油作业有限公司（GNPOC）与投标商之间的联络人（Focal Person）。采办部在收到物资采购需求申请单（Material Requisition Form，MR）和／或服务采购需求申请单(Service Requisition Form，SR)以后，经理将MR或SR指定给采购专员专门负责。评标组人员必须由各家伙伴公司在联合作业公司的代表、用户部门的技术代表以及采办部门的商务代表共同组成。商务标开标和评议投标结果时，所有的评标小组成员都应该（或派代表）参加，所有代表必须在商务标的每一页和"保密声明"上签字，评标小组的技术标评标结果和商务评标的结果都要以书面报告形式报招标委员会批准。招标委员会批准后再次报政府和投资伙伴批准，然后才能授标执行合同。

从编制投标文件到最后授标，一般包括11个工作程序。

按照管理程序，公司要在 6 月份对上半年度预算的实施情况进行总结，并对下半年和明年以及未来几年的预算进行修改，提交公司管理委员会、投资伙伴、政府批准。公司各用户部门只有在获得政府最终批准的工作计划和预算（Work Program Budget，WPB）以及单项成本授权（Approval for Expenditure，AFE)的情况下，才可以向采办部提交物资申请单(MR)或服务申请单（SR）。

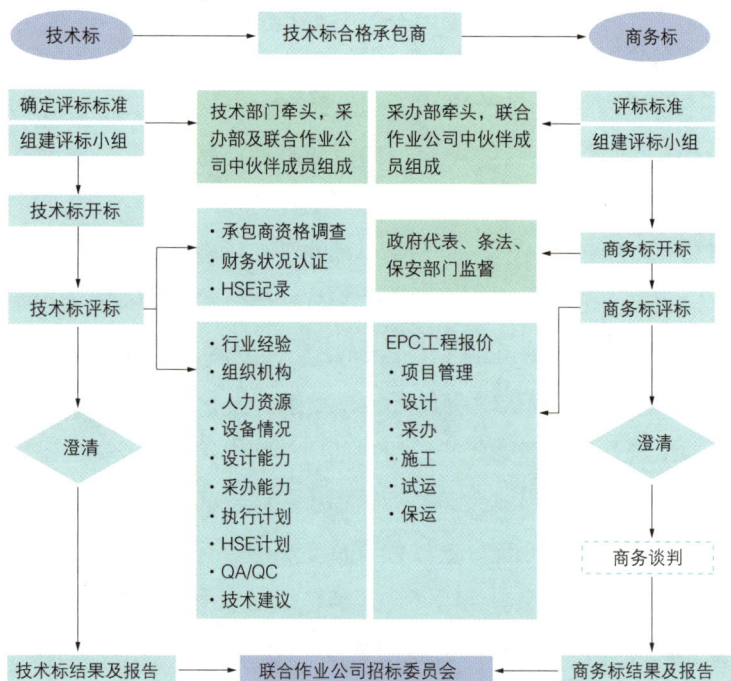

联合作业公司招标流程图

在收到投资伙伴和政府批准的合同策略和投标商短名单后，招标工作小组开始准备邀标文件（Invitation to Bid，ITB）。

在投标商准备投标文件过程中，投标小组将准备技术评标标准并报招标委员会请示批准。根据招标委员会批准的标准进行评标。技术评标结果和商务评标标准一同在一个招标报告（TC Paper）中向招标委员会（TC）汇报并请示批准，然后开技术标合格的投标商的商务标。联合作业公司内部要花大力气进行商务市场考察，将市场价格融入预算，使其成为商务评标中比较充分的依据，来确定投标商的商务价格是否合理。

二、严格的分级授权权限保证了采办工作公平、规范高效运作

苏丹项目联合作业公司对物资采购和合同招标有严格的授权权限（Limit of Authority, LOA）。根据合同、订单金额以及招标策略，不同级别的管理层行使不同的权限。如招标的合同和订单，根据不同额度，分别授权给总裁、副总裁、大部总经理和相关用户部门经理，但最终签字授标的前提是一定要获得60%的投资伙伴和苏丹政府即石油部的同时批准。这种分级授权、相互制约的管理机制，最大限度地实现了各部门、各层次之间的监督和制约，既保证了采办工作的高效运作，又确保了招投标工作的公平和规范，保证了公司健康、科学地发展。

（1）小额采购或服务合同不必报招标委员会批准，但必须至少向3家公司进行商务询价。

对于小额采购或服务合同，采办策略、技术／商务结果及推荐意见不必报招标委员会批准，但必须至少向3家公司进行商务询价，报价要公开，而且采办小组成员要由用户部门代

表和采办部代表组成评审，决定最终结果。技术和商务结果
以及订单或合同的签订要根据不同金额依照授权权限（Ap-
proval Authority，AA），由相关级别的管理人员签字批准。
供应商短名单确认后，发出询价要求在固定期限内报价，一般
物资采购采用国际贸易规则 INCOTERM2010 版，苏丹项目一
般采用的贸易术语是到岸价（CIF Port Sudan）。物资到港后，
由联合作业公司雇佣的清关运输公司负责具体的清关和运输。
供应商收到询价单后，报价时要同时报给采办专家和用户部门
负责人，采办专家和用户部门负责人根据报价情况准备评估报
告，一般是技术合格的几家供应商，选择价格最低的那一家，
然后就是下订单、审批、组织交货、验收付款、入库、出库等
后续流程。如果只有一家公司报价，无论金额多少，都属于单
独议标（Single Source），那么最终的订单或合同额，在授标
前必须上报苏丹政府批准，否则不予以成本回收。

（2）大额的采购或服务合同，必须按照招投标委员会工
作程序进行招标。

用户部门准备采办申请单，需要在采办申请单上写明工作
范围、合同期限、估计金额、推荐供应商短名单等内容，依据
有限授权，由用户部门经理、预算部门经理、主管用户部门的
总经理、主管采办部门的总经理(行政大部经理)及总裁签字后，
交采办部启动招标程序。采办部在收到用户部门服务申请后，
首先成立招标工作小组（Tender Working Team，TWT），
由用户部门和采办部代表组成。技术组组长由用户部门出任，
商务组组长由采办部出任，一般是由负责该 MR 或 SR 的采购

人员或合同专家担任。项目公司收到投资伙伴和政府的批复后，需要将准备好的邀标文件（ITB）发给短名单上的供应商，要求他们在指定的期限内，以密封方式分别提供技术和商务报价。ITB 文件的准备也直接关系到招标活动的成败，一般来讲，是由用户部门准备技术部分，由采办部准备商务部分；在开标日之前，采办部发信函给苏丹能矿部（现石油部）要求派专人参加开标；开标时各投资伙伴和政府代表要检查标书的密封情况，并在开标报告上签字；一般情况下先开技术标，由用户部门和专家进行技术评标，需要与各投标商进行技术和工作范围方面的澄清，所有技术澄清都由采办部一个窗口发出，但要求用户部门回答，每个澄清都要求所有投标商都知道。澄清结束后，由用户部门准备技术评标报告，报公司招标委员会批准。若获得招标委员会批准，则需要再次将授标建议向各投资伙伴及苏丹能矿部报告，请求各投资伙伴及苏丹能矿部的批准。获得批准后，进入合同谈判阶段，由采办部牵头，公司的法律顾问和用户部门专家共同参与和最终的中标商进行合同条款谈判，明确双方各自的责任和所承担的义务，达成一致，签订合同。苏丹项目一般情况下邀请招标，最大限度地避免单独议标。

三、建立高效的沟通机制保证合同正确执行

联合作业公司招标委员会对大额采办策略和授标建议批准后，根据制定的报批流程，上报各投资伙伴和苏丹能矿部批准。如果获得批准，采办部将继续下面的流程。对于采办策略批准同意，下一步就是发标给供应商或服务商；对于授标建议批准同意，下一步就是与中标供应商签订合同。如果没有批准，

对于采办策略和授标建议，将根据投资伙伴和政府提出的理由继续做工作，重新补充资料，或根据政府或投资伙伴要求修改招标策略后再一次上报招标委员会批准，然后再次向政府和投资伙伴报批，直至获得批复。

在明确供应商后，还需要与供应商或服务商进行合同谈判，在谈判过程中，对于承包商提出的关于合同条款的不同意见，需针对不同承包商的情况，并征求法律部和用户部门的意见，决定是否做出让步。一般情况下，对于承包商提交银行履约保函的条款不能让步，该提供的必须提供。联合作业公司已经形成各类合同法律和商务付款等标准合同范本，提供给供货商和服务商讨论，大大缩短了合同谈判时间。在执行合同之前，需要合同服务商和用户部门进行一次面对面合同澄清交流会，明确双方的责任和工作范围以及重要的时间节点，以利于合同的正式执行，在合同执行中采办部与用户部门还会定期与服务商就合同执行情况进行复核，针对不同情况交换意见及时进行必要的合同调整或变更，从而保证合同的执行满足公司作业的需求。

四、完备的评价考核机制最大限度地激励服务供应商优质高效地完成合同

联合作业公司采办部与用户部门在合同的执行中根据服务商各方面的表现进行评价考核，如执行效率、工作质量及HSE 等方面的考核；对于表现好、执行力强的服务商在合同续签或新的招标过程中将给予优先考虑；对于表现差、执行力

弱的服务商不仅会进入公司服务商列表的黑名单，将不再准许其进入公司服务商行列，而且会针对其合同执行不到位给公司带来的不利影响进行评估，对情节严重的，采办部将与法律部门联合行动追究其法律责任；通过有效的评价考核机制，不仅有效地保证了公司利益不受侵害，同时也最大限度地激励了服务供应商高效优质地完成了服务合同，从而有力地保证了公司作业高效平稳地运行。

五、穿针引线，为落实中国石油一体化策略添砖加瓦

在通过联合作业公司开展的各项服务采办活动过程中，不断引入中国石油的服务商，引入国际化市场，锻炼了队伍，提高了在国际市场的竞争力，为中国石油开拓苏丹以外更广阔的石油市场打下了坚实的基础。

在合同执行中，采办部定期与中国石油服务商进行沟通交流，在最大限度保证联合作业公司利益的同时，也帮助了中国石油服务商在国际化进程中不断提高管理和作业水平。

及时跟踪国内石油勘探开发技术服务单位新的技术发展，及时推荐和引入中苏石油合作市场，为发现新的大油田、油田上产和油田稳产提供了多方面的全方位的技术支持，从而使一体化战略在中苏石油合作中发挥了巨大的功效。

第十二章
业绩授权管理

苏丹项目所在资源国政局动荡多变，安全形势严峻，商务问题突出。在复杂多变的政策环境下运营，不仅要有超前的战略判断能力、快速的战略决策能力，还需要一流的战略执行能力。同时，要按照中国石油有质量、有效益、可持续发展要求，处理好效益与规模、质量与速度的关系。为保障发展战略的落地与实施，尼罗河公司借鉴国际先进管理理念，结合自身特点，探索并构建了科学实用的绩效管理体系，着力提升业绩管理的战略导向性，加强组织间的战略协同，有力地推动了公司优质高效可持续发展。

第一节　业绩管理

一、业绩管理模式

联合作业公司作为海外业务的运营主体和效益来源，是业绩管理的主要对象，但依照同政府签订的产品分成协议和管道建设协议，联合作业公司由各方股东投资建立，由投资伙伴共同管理。如何在遵循资源国政府合作政策和项目合同规定的前提下，将中方战略部署和经营管理策略很好地落实到联合作业公司，成为业绩管理的难点之一。多年来，尼罗河公司不断摸索，根据海外油气业务的实际情况，在历经目标管理、关键绩效指标（KPI）管理等业绩管理阶段后，以平衡计分卡战略管理理念和流程为基础，吸纳 KPI 绩效管理、经济增加值（EVA）价值管理理念和流程，逐步形成了以中国石油中方考核体系为主导，以战略为导向的业绩与考核管理。

一体化的战略与业绩管理体系模式

（1）通过优化管理流程，实现业绩管理与战略管理、价值管理、生产运营同步进行，强化业绩与战略、业绩与运营的对接，建立不同层面衡量指标与公司战略目标之间的逻辑支撑关系，体现业绩管理的目的性和战略导向性。

（2）将战略图、计分卡等平衡计分卡管理工具融入战略与业绩研究制订、规划部署、协同分解、执行落实、监控与调整的动态闭环管理体系，实现战略与业绩管理的有形化和指标化，提升战略与业绩管理的一致性、协同性和执行力。

二、业绩管理流程

（1）研究制定优质高效可持续发展战略，确保业绩管理方向正确。

业绩管理工作的目的和出发点是提高执行力，保障公司战略得到有效贯彻落实和股东权益。战略方向出现偏差，一流的执行力只能加速企业失败。因此，理性研究与制定出正确的发展战略是建立业绩管理体系的前提。自南苏丹独立以来，中国石油与苏丹、南苏丹的石油合作遭受了历史性巨变带来的冲击，2012 年以来连续发生南苏丹政府强令油田停产、两苏黑格里战争、南苏丹突发内乱、国际油价暴跌等重大突发事件，加上油田开发进入中后期产量快速递减、政府欠款增加等商务问题突出，对公司和各项目生产经济效益带来严重影响，为实现优质高效可持续发展，尼罗河公司运用 PESTEL、SWOT 等分析方法，对国际油气市场动态和重点油气资源国投资环境、公司业务发展及价值提升要求、发展优势与劣势、项目资产排队及优化等关键问题进行深入分析，制定了"尼罗河公司二次创业战略"，明确了公司的发展方向、发展目标以及战略举措等。

（2）开发战略图和计分卡，实现业绩管理的有形化、逻辑化和指标化。

①开发战略图，实现业绩管理的有形化、逻辑化。

维度是战略图的基本框架，反映分析和构建公司战略的基本视角。尼罗河公司基于标准战略图框架，根据业务特点，定制化地设计了质量与效益、利益相关者、内部流程和发展保障 4 个维度，同时将 EVA 置于 4 个维度的核心位置以及战略图的顶端，绘制了尼罗河公司价值提升战略图。

	优势	劣势
SW 分析	· 优越的合同模式 · 成熟的管理和运营体系 · 完备的生产和支持系统 · 稳定的管理和技术队伍 · 良好的滚动发展能力	· 勘探相对成熟，增储潜力有限 · 产量递减较大，稳产形势严峻 · 油田设施老化，维护难度增加 · 成本持续上升，压缩利润空间 · 本土化程度高，当地员工外流
	机会	威胁
OT 分析	· 复杂构造区有较好勘探潜力 · 部分储量尚未动用 · 老区调整具有较大空间 · 项目具备中期稳产基础 · 项目具有较高剩余价值	· 地区局势动荡增加安全风险 · 政治经济恶化增加商务风险 · 原油价格下滑增加经营风险 · 商务问题复杂增加投资风险 · 含水升高开发增加环保风险 · 资源国环保政策趋紧增加运营风险

尼罗河公司 SWOT 分析

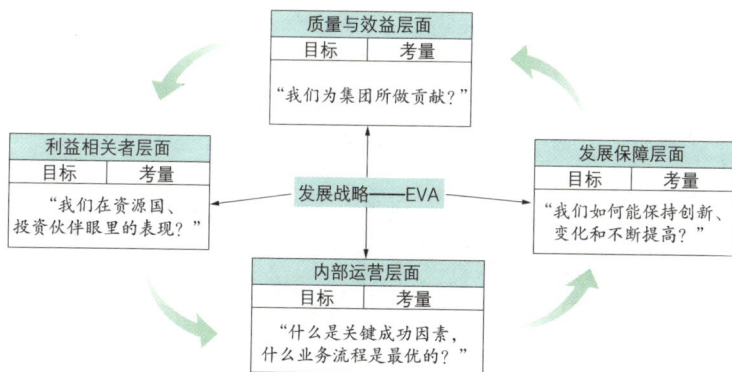

尼罗河公司 4 个维度战略视角

质量与效益层面突破了平衡计分卡理论框架中财务的范畴，将油气产储量等业务目标视为与财务同等重要的战略目标，共同反映公司业绩情况，并且将价值提升作为生产力战略的唯一目标。利益相关者层面在客户维度的基础上，结合公司业务相关方特点，将其关注的内容拓展至保障国家能源安全、密切资源国政府合作、强化国际及国家石油公司竞合、推动社区发展、促进员工成长几个方面。内部流程层面的主体脉络由新项目开发、勘探、开发、管道、炼化、销售、资本运营以及相关保障业务构成，体现了价值链和业务链的核心环节。发展保障层面则由人力保障、信息保障和文化保障3个方面构成，体现了无形资产在战略中的作用。

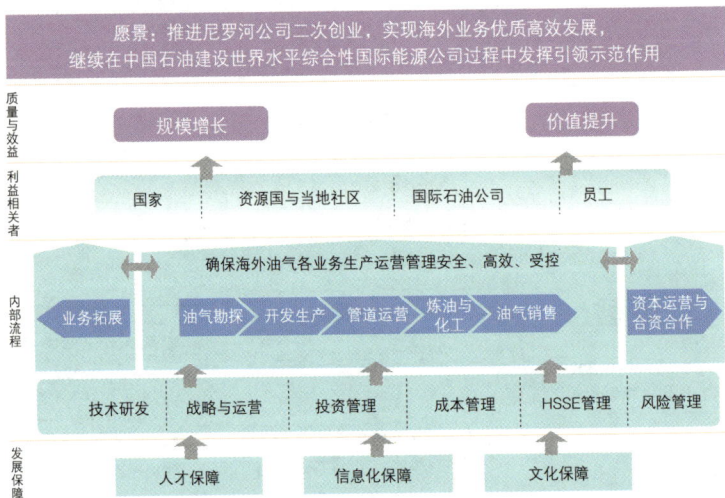

尼罗河公司价值提升战略图

在战略图的开发过程中注重"平衡观"：一是注重财务与非财务的平衡，通过财务目标（如加快资金回收）和非财务目标（如快速发展海外油气业务）的组合，更全面地审视公司的战略实施和运营管理；注重短期与长期的平衡，在推动短期任务（如提高项目回报）达成的同时，通过较长周期的谋划（如完善全面风险管理体系，提升抗风险能力）促进企业的可持续发展；注重内部与外部的平衡，强调满足外部客户和利益相关者的需求（如成为资源国可信任的投资伙伴）与提升企业内部运营管理能力（如提升战略管理与顶层设计能力）同等重要；注重结果与驱动的平衡，在跟踪监控结果性目标完成的基础上，从更深层次挖掘推动企业价值提升的内在动因（如建设国际化经营管理人才队伍，提高劳动生产率）。

②开发与战略图相匹配的计分卡，实现业绩管理的指标化。

中国石油尼罗河公司2015年计分卡

维度	战略目标	考核指标/行动方案	维度	战略目标	考核指标/行动方案
质量与效益	(F1)推进二次创业，巩固尼罗河公司海外效益主要贡献者地位	现金贡献	内部流程	(P1)适时推动新项目开发	新项目开发工作推进到位率
		桶油现金贡献		(P2)推动2B区块短期	2B区块延期工作到位率
		税前利润		(P3)加强股东管理	股东职能履行到位率
		销售收入		(P4)加强滚动勘探，优化勘察部署，加快勘探开发一体化进程	探井成功率/新增储量动用程度
	(F2)科学发展，稳中求进，保增上产，效益优先	油气作业产量		(P5)努力实现稳产上产，以三大工程为手段推进老油田二次开发，提升整体开发效果	"三大工程"工作计划完成率
		油气权益产量			油田综合递减率
		价额量		(P6)降低单井费用、作业成本	单位作业成本控减额
		新增原油探明可采储量			钻修井作业非生产时间降低率
		新增原油地质储量			钻井时率
	(F3)积极应对低油价挑战，坚定走低成本发展之路	操作费用		(P7)加大新技术应用，提升技术支持能力，向科技要效益	新技术新产品推广应用数量
		单位油气实现成本		(P8)加强协调，确保南苏丹原油安全输港	输运设备在途率
		单位油气操作成本		(P9)保持炼厂低负荷量安全平稳运行，实现中方效益最大化	原油加工量、炼厂大修工作计划进度完成率
		单位油气完全成本			成品油、化工产品销量
利益相关者	(C1)油气安全供给的保障者	港口提油量		(P10)削减生产投资和费用；调整投资结构，调整投资进度	非生产投资和费用控减额
	(C2)负责任的投资方	中方提油量			投资优化控减额
		政府分成油量/政府内陆陆军提油量		(P11)加强精细化生产管理，加大内部控潜	单日直播操作成本
	(C2)优选合作伙伴	巩固扩大CNPC在两苏地区业务技术、管理、人才、品牌优势		(P12)加强合同复议，加强管理	合同复议合同控减额
	(C4)区域发展的贡献者	企业社会责任投入		(P13)抓好群油和销售费用，向市场要效益	采办和服务合同费用降低率
	(C5)优秀雇主	员工满意度		(P14)加强清收和廉洁工作力度，重点推动苏丹6区政府欠资、124区两会问题一揽子解决方案的谈判	重点商务问题达成协议率
	(C6)优秀的战略联结者	发挥CNPC投资方、工程服务方一体化优势			清欠额
发展保障	(L1)优化组织机构，优化员工结构，规范人员轮换，降低人工成本	用工总量控制		(P15)加强经营策略和政策研究	项目经营策略研究工作到位率
		人工成本降低率		(P16)防范南苏丹内战带来安保与防恐风险，确保社会安全	社会安全事故起数
	(L2)建设有竞争力的国际化专家人才队伍	专家队伍建设工作计划完成率		(P17)抓好工业企业，确保零事故、无重大质量事故	亿工时死亡率
	(L3)提升信息化水平	信息化年度重点工作综合评估		(P18)注重环境保护，确保零污染、废弃物管理达标	环保事故起数
	(L4)发扬大庆精神、铁人精神，弘扬苏丹项目最艰苦创业的优良传统和作风	中苏石油合作20周年活动推进到位率		(P19)加强卫生健康管理	流行病防治到位率
				(P20)稳妥处理法律和劳务纠纷；减少政府审计拒绝额度	政府审计拒绝额度降低率
					合同和劳务纠纷胜诉率
				(P21)规避汇兑损失，加强税收筹划	控制苏丹外汇亡损
				(P22)抓好内控体系建设，减少内部事故和重大风险	内控测试例外事项
				(P23)规范廉洁制度落实	合理管理制度落实到位率
				(P24)抓好党风廉政建设，强化审计心检监督	各级党风廉政责任落实情况

尼罗河公司记分卡

卡普兰曾经说过："无法衡量就无法管理，无法管理就无法改善"。计分卡正是通过将战略目标转化为具体的衡量指标，使战略可评价。为了给战略图中战略目标找到合适的衡量指标，尼罗河公司以现有 KPI 体系为基础，综合参考其他石油公司和非石油公司具有借鉴意义的相关指标，开发得到与战略图相匹配的计分卡。

（3）逐级分解业绩目标，实现不同层级业绩管理的协同性。

以战略为导向的业绩管理和考核管理体系

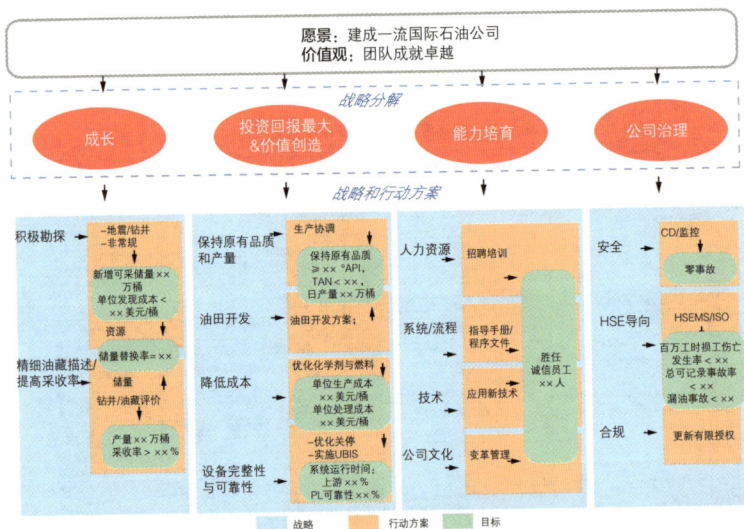

联合作业公司战略分解至部门过程

平衡计分卡战略管理工具注重通过组织协同将战略目标层层分解落实，使组织内的不同单元能够围绕战略分工明确、配合默契地开展工作。尼罗河公司以项目公司承担的责任和发挥的作用作为其战略基础，对公司战略进行纵向分解，将公司的战略与业绩目标转化为项目公司的战略与业绩目标，在目标体系上形成清晰的支撑关系，确保组织和下级单位的战略与绩效目标纵向一致。在联合作业公司内部，也遵循平衡计分卡理念，按照管理层级，将其战略与业绩目标层层分解到部门和员工。在注重战略与绩效目标纵向分解协同的同时，公司还在战略与绩效协同分析中，引入内部客户的概念，增强跨单位间的横向协同力。

（4）签订年度业绩合同，保障业绩目标落地与执行。

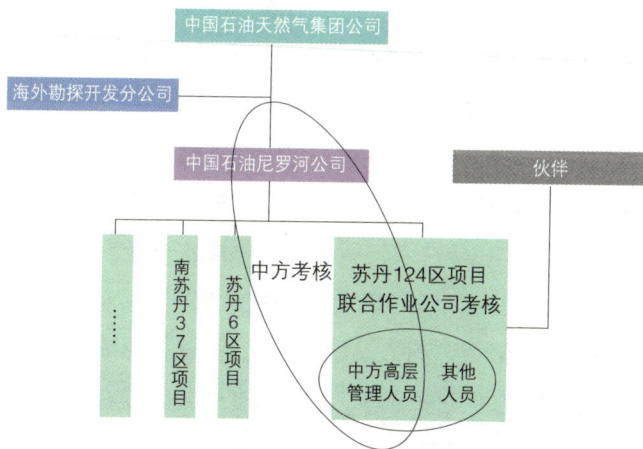

中国石油天然气集团公司战略分解落实过程

为了科学、客观、公平地衡量业绩指标完成情况，尼罗河公司以年度绩效合同为载体，将尼罗河公司整体战略与业绩目标层层分解，逐步落实到项目或部门负责人。根据海外项目中方人员精干、人兼数职、团队工作的特点，公司强调合作共赢意识，以项目为单位签订年度绩效合同，并且采用"中方＋联合作业公司"相结合的方式，构建了一套以中方考核指标为主导、以联合作业公司要求为补充的、多样性的绩效合同指标体系，在遵循资源国政府合作政策和项目合同规定的前提下，将中国石油天然气集团公司战略很好地落实到联合作业公司。

中方管理人员合同指标类别与战略图维度相对应，并且与中国石油绩效合同指标分类相一致，分为效益类、营运类和控制类，其中效益类指标权重原则上约为 70%。具体指标选取上，首先将战略图中的战略目标通过计分卡转化为可以衡量与评价的 KPI 指标，使计分卡成为业绩合同的"指标池"（KPI Pool）；然后根据"2/8 原则"从指标池中抽取 8 ～ 10 项重点指标作为年度考核指标，并根据是否可以量化考核的标准将指标分为定量指标与定性指标。对于定量指标，可根据数据直接进行量化测算；对于定性指标，在计分卡中为其设置里程碑式的行动方案，在年终考核时请分管领导、班子副职根据行动方案中的里程碑对工作完成的节奏和质量进行综合评价。

在年度考核时严考核、硬兑现，充分发挥业绩考核的激励作用。调整和完善薪酬结构，加大年度绩效奖金在个人工资总额中的比例，达到 60% 左右，激励中方员工在联合作业公司中发挥更大作用。考核兑现时适当向联合作业公司员工倾斜，地区公司中方专职业务经理的奖励兑现标准原则上不高于所在地区项目公司副总经理及以上人员的标准。

（5）构建监控机制，跟踪分析业绩执行情况。

尼罗河公司建立了一套以报告、会议为核心的监控与指导机制，主要有生产经营周报、生产经营分析月报、季度生产经营分析会议、年度工作会议等，并且形成了相对成熟的分析框架与指标体系，对企业运营状况持续进行监控，并随着内外部环境的不断变化对行动方案进行适当调整，以确保方案运行始终不偏离轨道，并以更低成本、更高效率、更高质量取得更优异业绩。

三、业绩管理取得的主要成果

几年来，尼罗河公司不断完善提高基于平衡计分卡的业绩管理体系，战略管理、绩效管理与各项职能管理、业务管理有机结合，取得了良好的应用效果。

（1）建立了一体化的战略与绩效管理体系，提升了战略执行力。

通过对战略管理、绩效管理、价值管理流程与体系的认真剖析，对比其关键环节及输入输出内容，创新性地将3个流程、体系整合为一体化的战略与业绩管理体系，并且在传统战略管理（SWOT分析、PESTEL分析等）、业绩管理（KPI指标管理）的基础上，通过引入战略图、计分卡、战略协同、战略执行回顾等方法和机制，实现了从战略与业绩制定、部署、分解、协同、执行到监控的关键环节的全面升级，使公司管理体系更加先进、简明、实用、高效，大大提高了战略执行能力。在战略制定与执行过程中，高度重视价值创造与价值提升，极大增强了公司整体的股东回报意识和价值创造能力。

（2）增强了公司内部的协同性，提高了运营管理能力和核心竞争力。

在构建实施基于平衡计分卡的战略与业绩管理体系过程中，以及公司整体、各单位战略图、计分卡、业绩合同的研究制定过程中，使战略、业绩、协同理念与文化在公司上下得到了高度关注与认可。通过优化战略与业绩管理流程，实现了战略与业绩管理同计划管理、日常运营同步进行，强化了业绩与战略、业绩与运营的对接，提高了运营管理能力和核心竞争力。

（3）圆满完成了各项生产经营任务，极大地推动了公司优质高效可持续发展。

近年来，尼罗河公司在适应不同发展阶段的战略指导下，在艰难的经营环境中，连年超额完成各项生产经营任务，成为海外效益的主要贡献者，连续多年在中国石油天然气集团公司考核中位列 A 档。

第二节　授权管理

为提高业务运营管理效率效益，实现对高度不确定性投资与经营环境的快速反应，尼罗河公司逐渐构建起具有中国石油特色、满足国际联合作业管理、符合海外油气业务管控要求的授权管理体系，有效提高了海外项目管控及风险管理能力，切实提升了国际化经营管理水平。

一、基于石油合同及联合作业协议的授权决策机制

联合作业公司是由各投资伙伴依据同政府签订的产品分

成协议和原油输送协议，由各方股东投资建立的，联合作业公司各合作方分别向各自的股东负责。中国石油海外勘探开发公司授权尼罗河公司代表中国石油海外勘探开发公司行使股东、董事前移职能，按照管理权限，集中精力靠前支持、服务、管理项目公司事务，做好与投资伙伴的日常对接工作。为使联合作业公司运作更加高效、顺畅、合规，尼罗河公司按照联合作业公司合资合作协议，参照国际大型石油公司授权管理经验，建立了基于石油合同及联合作业协议的授权管理机制。

授权参考数学领域中纵横排列的二维数据表格（矩阵）的形式，形成"授权矩阵"（Authorization Matrix），将授权数据量化显示并进行管理。其中矩阵纵轴明确授权人及被授权人，横轴明确海外单位的授权事项与授权额度，并对被授权人及授权人的审批、审核及制订权限做出明确划分。

二、符合国际规范兼顾中方要求的授权管理事项

贯彻"有限授权、审慎授权、逐级授权、区别授权、及时调整、权责一致"的原则，以国际石油公司普遍采用的授权事项与授权额度为参照，遵循国际惯例，差异化设置了包括勘探、开发、管道、炼化等业务的授权框架与授权事项，主要涉及油气生产运营、采办与合同管理、投资与计划及财务资产管理等方面。为体现标准化，满足项目公司合同中关于组织构架、工作计划与预算、物资与设备采办等条款的规定和要求，将授权等级划分为审批、审核及制订3个层级，分别以A（Approval），R（Review）和P（Prepare）代替。通过授权书对授权事项及授权额度进行明确，实现了"一张授权书定江山"，把复杂

问题简化处理，提升了管理人员的工作效率，也提高了执行层面的可操作性。

联合作业公司分级授权情况图

同时，为满足中方管控，实现合规管理，做到监控有效、合理放权，授权事项与授权额度要保证与公司制度、海外项目公司董事会联管会规定以及国有企业"三重一大"相关规定相匹配，确保授权行为的合理合规。近年来，尼罗河公司不断完善授权事项、优化授权额度、加强授权管理，未发生一起因越权而造成的失控事件。

第四篇

防控文策

第十三章
投资与经营风险及管控

两苏地区受宗教、文化、历史原因的影响，在近现代时期，政治和社会局势持续动荡，冲突不断。在 2005 年和平协议签署之前，苏丹经历了长达 20 年的内战；2008 年在阿贝伊地区发生了中国石油工人被绑架的"10·18"事件；2011 年，南苏丹从苏丹分离并建国；2012 年苏丹与南苏丹因石油利益纷争，造成南苏丹油田停产，并在苏丹黑格里格地区发生战争，南苏丹进而入侵苏丹黑格里格油田；2013 年 12 月 15 日，南苏丹爆发内部武装冲突，并持续至今。尼罗河公司所属项目正是处在这样一个经济利益错综复杂，政治、社会和安全风险极高的地区，开展国际经营和石油合作。

南苏丹独立后，石油收入锐减，通货膨胀严重，加之苏丹地区长期受美国和西方国家的经济制裁导致经济形势急剧恶化。此外，中央政府与地方部落在利益分配上的冲突加大，造成地方部落用物理和绑架手段维护利益，反政府组织也借机袭击、破坏石油设施，极大地影响项目运营，而且还直接威胁到油田现场员工的人身安全。另外，苏丹现有项目已经进入勘探开发中后期，油田储量接替不足，产量递减加快，南苏丹独立后，石油利益分配造成的商务和法律问题更加复杂、严峻；苏丹尚未形成替代石油工业的体系，经济发展面临迫切的财政压力，这些错综复杂的风险给尼罗河公司的持续、有效运营带来严重挑战。

第一节 风险识别与预警体系

苏丹、南苏丹项目所面临的政治、经济、社会安全、石油合作政策等外部风险涉及面广，应对的专业性强。通过实地调研、专家会诊、理论研究等方式，从风险因素识别、评估到风险管理，总结形成了风险管理的识别预警体系。

海外油气投资环境风险识别结果

风险类别	风险点		风险描述
政治风险	政府更迭风险	民主化	导致原有合同变更，新政府合作政策也具有不确定性
		政变	
		外国入侵	
		领导人过世	
	制裁风险		导致项目所需设备和服务难以获得，影响项目进展；可能导致资源国政治和经济诉求增加；若与受制裁国家继续开展项目，可能影响公司在第三国的经营和贸易
	地缘政治风险		大国可能通过对资源国政府施压，阻止项目开展；区域内国家间矛盾也可影响项目正常运营
经济风险	汇率风险		导致公司经济损失，变相增加项目成本
	债务风险		债务无法追回，造成公司经济损失
	腐败勒索风险		增加项目成本，影响项目正常运营

续表

风险类别	风险点	风险描述
安全风险	国内武装冲突风险	影响项目正常运营，威胁项目人员、财产安全
	与邻国武装冲突风险	
	恐怖袭击风险	
	治安风险	
政策法律风险	合作政策收紧风险	合同变更；运营成本增加；获取新机会难度加大
	国有化风险	合同变更；项目经济损失；可控资源量降低
	税费政策调整风险	项目运营成本增加
	资本管制风险	资本无法转出，或需通过黑市高价转出，造成经济损失
	劳工政策调整风险	项目成本上升；若合格雇员短缺，可能阻碍项目进展
	环保政策调整风险	项目成本上升；若难以满足环保要求，可能阻碍项目进展
社会风险	罢工风险	造成直接经济损失；影响项目正常运营
	国民抵制风险	影响项目正常运营；影响政府合作政策；抵制活动可能造成项目设施损坏

一、风险因素识别

中国石油集团经济技术研究院（简称经研院）作为中国石油重要的战略决策研究机构之一，拥有专业的研究队伍长期开展投资环境系统监测研究，通过多年经验积累，结合中国石油企业海外投资的实际情况，从政治、经济、安全、政策法律和社会 5 方面对海外油气投资活动进行风险识别，识别结果包括

5大类22个风险点。尼罗河公司根据自身实际，按照中国石油海外业务风险评估规范内容要求，结合现有规模和管控范围以及苏丹和南苏丹的实际情况，对公司所面临的各种风险因素进行识别，尤其是对两苏地区当前特殊历史时期、复杂政治经济形势下产生的一系列重大生产及商务问题。通过细化风险因素，明确风险因素定义与事项描述，为风险评估及管理夯实基础。

二、风险影响评估

为有效识别关键风险点、关键控制点以及对经营管理的影响程度，实现对相关风险的系统辨识和分析，按照风险发生的可能性和影响程度对风险事项进行评估。首先，对风险事件进行分级，风险发生的可能性按照基本确定、很可能、有可能、不太可能、极小可能5个级别进行划分；风险事项的影响程度按照极高、高、中、低、极低5个级别进行划分。其次，按照风险发生的可能性和影响程度进行综合评估打分。最后，根据评估结果对风险事项进行排序，编制风险评估报告。

三、风险跟踪预警

鉴于两苏地区形势的发展跌宕起伏，影响公司运行的风险因素和重要程度不断演变，对风险评估结果要进行实时监控跟踪，对风险事项可能性和影响程度发生的变化要随时进行更新，着重关注公司自身重要业务事项和高风险领域，把对生产经营影响权重较高的关键因素作为管控重点，确保风险评估报告的及时性、有效性和对风险管理工作的指导作用。

经研院开发的重点油气合作区投资环境监测平台和海外

投资环境风险预警平台，为海外油气业务的投资环境分析与预警发挥了重要作用。

重点油气合作区投资环境监测平台，依托专业人员队伍实时对重点资源国投资环境和动态跟踪研判，分业务、分国别开展专题分析，研究人员每天通过监测专业网站、期刊、报纸、数据库等信息源获取信息，填入重大事件监测表，并在国家信息源和专业领域信息源里分别按照国家和专业领域的不同进一步细分，将信息所涉及的事件类型分为政治、经济、勘探开发、炼油化工、管道建设、管道运输、油气法规、油气价格、LNG、产储量、公司动态等 25 个类别，并针对每个事件都有详细的关键信息要素。在信息监测基础上，研究组形成了以我为主、利用外脑、分层次集成、快速反应、动态调整的研究模式，保证了决策支持研究的及时性和准确性，针对重点油气合作地区和项目开展经营策略研究。形成投资环境实时动态跟踪分析流水线式信息监测平台，主要包括信息监测、信息筛选和信息组合 3 个环节。

在信息监测的基础上海外投资环境风险预警平台，重点加强了对国家风险的研究，建立了海外油气投资环境风险预警体系，对资源国投资环境风险进行全面、系统的评价和预警。

尼罗河公司将经研院作为长期投资伙伴，充分利用该院研究平台的作用，定期从该院获取相关研究和监测成果，再加上中国石油天然气集团公司和中国石油海外勘探开发公司等及时指导和决策，形成了一个全天候、全方位的信息跟踪研究体系。

四、风险应对策略研究及实施

根据风险评估报告的结果和对风险因素的动态跟踪，针对不同级别的风险事项进行专项研究，按照规避风险、降低风险、分担风险和承受风险，制订针对不同风险事项的应对策略和解决方案，并依据公司战略部署和工作重点，分层次、分级别推动策略和方案的贯彻与实施。

五、风险总结报告

按照中国石油统一的风险总结报告模板，结合尼罗河公司实际情况，对于报告期内的风险体系建设、运行，以及风险事件的事前预警、事中处置和事后回顾进行分析总结，完成风险管理报告，并定期上报，对重大、突发性事项随时上报，由中国石油天然气集团公司和中国石油海外勘探开发公司指导和决策后，解决应对有关风险问题。

第二节　风险防控体系建设

尼罗河公司以"正视风险、应对风险、化解风险"为指导思想，结合项目作业特点及苏丹、南苏丹社会政治局势，在中国石油海外勘探开发公司的指导和支持下，联合经研院等专业研究机构，通过开展对投资风险的监测和研究，内外结合，充分借助各方力量，建立了符合自身实际的外部风险预警与应对体系，为提高外部风险防控能力、推进二次创业提供了保障。

一、 成立风险防控工作机构

工作领导小组明确了工作目标、工作范围和内容，具体组织和落实风险管理各项工作，按照分层、分类和集中的原则进行管理。有效加强以防范政治风险、经济风险、法律风险、社会风险、内部经营管理风险等为主要内容的风险防控工作，提升企业对风险管理文化、辨识管控重点和有效防控风险的认识，确保中国石油在苏丹地区的投资安全、有效。

二、 夯实全面风险管理体系运行基础

在建章立制和完善业务流程的过程中，将风险管理的具体策略和应对措施融入其中，规范业务活动，实现风险防控的目的。尼罗河公司以组织机构和职能管理为抓手，结合公司运行环境和自身实际，不断完善制度，明确各单位、各部门制定和实施制度的规范和责任。为不断完善运营风险管控制度，苏丹项目在国际合作过程中，充分借鉴 Petronas、Talisman 和 Shell 等合作股东的国际先进经营管理制度，立足自身特点，通过科学化、规范化、标准化的制度规范在同类和近似项目公司之间借鉴移植，真正起到了规范管控、推广模式、传承经验的作用，各个项目建立健全了一整套规章制度、业务流程、技术规范和操作标准，形成了覆盖各项业务和各个领域，结构清晰、层次简洁、内容完善、符合国际规范、兼顾管理实际的规章制度体系，提升了国际化管理水平，强化了公司抗风险能力。

在管控机制方面，为有效防范经营管理中的各类风险，提升工作效率，尼罗河公司根据中国石油海外勘探开发公司分级

授权制度，结合两苏地区的项目在石油合同、作业协议和公司章程等方面的要求，对主要管理人员的授权事项和授权额度进行明确规定。通过有限授权和项目内部分级授权相结合的方式，构建了责任明确、权限清晰、透明监督、相互制衡的管控机制，实现了对经营管理重大事项的逐级管控和风险管理责任的逐级落实。另外，为强化内控工作，构建并运行全面风险管理体系。近年来，公司借鉴中国石油海外勘探开发公司在内控管理的理论创新和具体实践中取得突破性进展的成果强化内控管理，有效提升了全面风险管理体系的运行效率和质量。

同时，建立的内部审计、第三方审计、合作伙伴审计和资源国政府审计多层级的审计监督机制，依靠多种审计方式从不同角度关注公司运营，有效保证了各项投资费用支出合法合规。

三、完成法律风险梳理

在苏丹和南苏丹日趋复杂严峻的形势下，法律风险防控工作也面临着前所未有的压力和挑战。尼罗河公司对面临着的各种法律风险进行了全面梳理，将各种法律事件按照性质及风险等级划分为 7 个方面的风险：（1）资源国法律环境不成熟引发的法律风险；（2）政局动荡引发的合同执行法律风险；（3）项目进入合同中后期的法律风险；（4）当地化比例高导致联合作业公司运营中的管控法律风险；（5）商业环境恶劣导致合同难以履行的法律风险；（6）资源国政府强行干预联合作业公司的正常运营引发的法律风险；（7）苏丹、南苏丹政府高环保标准引发的法律风险。

　　尼罗河公司将中国石油和中国石油海外勘探开发公司对法律风险防控责任制度的具体要求纳入管理制度和体系建设中。在合同管理、纠纷管理制度中纳入各级各岗的责任划分、监督、考核机制，将责任制度有机融入法律风险管控的关键和重要环节，既增强了制度执行的可操作性，又在公司各业务部门照章办事的过程中有效提高了岗位人员的法律风险防控意识。同时，法律事务部建立了与其他部门的顺畅沟通渠道，充分运用和调动内外部法律资源，发挥整体优势，建立系统的企业经营管理法律风险防控机制，将法律风险防控责任制度落到实处。

四、建立环境评估及报告制度

　　随着资源国政府对石油公司监管趋紧、环保标准逐渐提高、执法力度日益加大，社会对石油公司履行环境保护责任的关注度也在不断提高，环保风险日渐加剧。尼罗河公司充分重视环保事件风险带来的严重影响，为有效防范和遏制各类环保事件发生，建立了环境评估及报告制度，并及时跟踪报告事件的处理及进展情况。

五、持续完善经营管理制度并有效控制投资风险

　　为有效控制投资风险，财务、计划各经营管理部门，转变思想，强化事前预防、事中控制和事后积极应对的理念，对公司经营管理的各项业务流程进行持续的梳理和修订，完善了财务管理工作 7 个方面的内容：预算管理、资金管理、资产管理、会计核算、税收保险管理、信息化及综合管理。覆盖区间涵盖

了合同方式和经营模式不同、管理机制和管理模式各异的各个项目公司；加强计划和投资管理，提高预算编制水平；大力推进以双控和对标为抓手的管理提升活动，单位操作费水平维持在国际先进水平，特别是通过苏丹地区上游项目之间的对标分析，为计划财务的管控提供了有力的依据，同时也提升了技术和行政人员的综合管理素质，为有效规避经营风险奠定了组织基础。2010 年为应对即将到来的苏丹南北分立，开展了经营及投资策略研究。2012 年按照中国石油的统一部署，完成了《国别纳税筹划指引——苏丹分册》的组织和编制工作，为研究和应对苏丹地区的税务风险提供了参考。通过完善管理制度和流程，进一步规范了公司的财务和经营管理，管理水平不断提升，切实发挥了防范经营及投资风险的作用。

除以上几项重大风险管理制度外，尼罗河公司还制定了《合同管理办法》《审计与内控自我评价工作报告制度》，修订了《纠纷管理办法》等其他若干制度。同时，公司通过持续梳理修订业务流程，有效控制风险，成功地将各项业务活动与组织机构设置和职责、工作制度等诸因素结合起来，形成了一整套有着内在有机联系的工作程序，实现了重大经营决策、投资决策等重点领域、关键环节和要害部位的集中控制，有效地规避了重大风险事项的出现。

第三节　风险的防控应对

在投资环境监测平台和专题分析报告机制的基础上，尼罗河公司在中国石油海外勘探开发公司的统一指导下，在应对重大形势突变、原有固有难题等方面，选取难点项目和瓶颈项目，召开开放式、诊断式发展与运营策略研讨会，组织中国石油海外勘探开发公司、地区公司和中国石油研究单位的领导和专家，同时邀请来自外交部、社会科学院、石油大学、咨询公司、资源国咨询机构等外部专家，共同召开"会诊式"发展与经营策略研讨会，针对遇到的内外部问题，分析内外部环境，提出针对性、实用性、可操作性的应对策略，给决策提供支持参考。

一、政治风险应对

坚持科学发展、稳中求进的工作方针，保持与中国驻两苏大使馆紧密联系，同时加强与其他各国使馆及相关人员的沟通交流，密切关注，随时掌握资源国政治局势的动向，做好应对。

（1）配合国家对外政策，利用国家外交资源，从政府层面推动能源合作，加强与资源国政府沟通以及与中国驻外机构的联系，借助国家外交、政治和经济力量解决相关问题。

（2）充分利用资源国对资金以及市场的需求，与资源国国家石油公司或国际石油公司结成联盟，形成利益共同体，共担风险。

（3）加强与当地政府和部落的沟通，同时加大与地方民间组织的协调与沟通，建立良好关系。

（4）跟踪地区政治局势的发展动态，及时做出客观分析和趋势预测。针对可能发生的政治暴力事件、可能产生重大影响的政治变动进行专题研究，制定预案。

（5）密切关注资源国对外石油合作态度动向。动态监控经营环境和石油合作政策变化，及时分析变化特点、发展趋势和产生的影响，设计并实施针对性策略，使其尽可能向有利于中方利益的方向倾斜，同时适时调整经营和投资策略。

二、商务及法律风险应对

针对可能出现的合同、环保、劳务及管道所有权等方面的法律风险，尼罗河公司成立了应对小组专门负责，在与政府就有关事项谈判过程中，始终坚持与股东协调一致，共同应对，坚持有理、有力、有节，重大问题坚持原则。针对复杂重大问题，聘请外籍律师和顾问公司出面斡旋，避免由中方直接和政府发生正面碰撞，策略地解决了谈判中遇到的困难。针对可能出现合同商要求赔偿的风险，联合作业公司视具体情况采取不同的应对措施，按照变更、暂停和终止分别对待。

以苏丹37区联合作业公司2010年避免的赔偿责任和反诉成功为例，承包商于2010年4月28日在伦敦向37区联合作业公司提起国际仲裁，该仲裁案是近年来中国石油海外项目金额最大的一起进入国际仲裁的合同纠纷案。本案涉及意大利、马来西亚、苏丹多国民事主体，涉及《苏丹民事交易法》《联合国国际仲裁规则》《伦敦仲裁程序法》《马来西亚破产法》，案情错综复杂，法律关系多重，涉及利益巨大。苏丹37区联合作业公司在合作伙伴公司的参与、指导和协助下，运用项目管理方式集中应对. 地区公司及联合作业公司法律部协同作战，聘请国际知名律师事务所，外部律师资源与内部法律顾问相结合，科学运用证人制度，并适时策略性地提出反诉请求，经过4年半的不懈努力，最终于2014年10月14日获得仲裁的全面胜利。本案的胜诉不仅在经济上避免了中国石油蒙受巨大损失，同时也锻炼了一支成熟的国际化法律队伍，证明了中国石油法律团队国际化程度越来越高，也为应对海外复杂法律环境下的重大国际合同纠纷积累了宝贵的经验，树立了成功的典范。

三、投资风险应对

尼罗河公司不断加强了以对标为基础的控制投资、减控费用工作，持续开展以项目为主体的经营策略研究。针对南苏丹独立后的形势，尼罗河公司开展了专项课题研究，从投资计划、财务管理、税收、金融等多方面着手，按照以效益最大化和量入为出的原则，对风险较大的项目和区块调整投资安排，放缓投资节奏，降低投资风险；结合资源国政治经济风险、项目整体战略部署、项目配套瓶颈问题以及项目实施能力等因素，优化部分重大油气投资项目总体建设开发方案；从优化资产结构的角度出发，缓解投资压力。在投资实施过程中严格把控投资关键节点：实行钻井大包合同模式，推进作业现场精细管理；加强对各类设计方案的论证审查和优化简化，从源头合理控制投资；规范工程项目招投标机制，保证建设工期，控减工程投资；推进物资集约化采购，加大国产化设备、材料的应用，降低大宗设备采购成本；建立投资项目全过程跟踪与监控体系，实现对投资项目的全过程控制，包括严格执行前期工作跟踪，月度、季度分析，AFE 和 BCR 管理，重大采办审批，滚动经济评价等一整套工作机制。

四、税收风险应对

为妥善应对苏丹地区税收和征管问题，有效进行税务风险识别和税收风险防控，2010 年 4 月苏丹地区正式成立了税收筹划工作组，对中国石油苏丹地区各单位涉税业务进行统一协调指导。税收筹划指在法律规定许可的范围内，通过对经营、投资、理财活动的事先筹划和安排，尽可能取得节税（Tax Savings）的经济利益。税收筹划的前提条件是必须符合国家法律及税收法规，目标是使纳税人的税收利益最大化。

苏丹地区税收筹划的主要特点是形成了税收筹划三级管理体系，有效完成苏丹地区的税收征缴和应对问题。三级管理体系由中国石油天然气集团公司财务价税部、苏丹地区税收筹划工作组和驻苏丹单位财务部构成。税收筹划工作组开展的工作主要有：

（1）税法研究。着眼于苏丹和南苏丹税收环境，对资源国主要税种以及税收征管内容深入重点研究，从根本上认识苏丹税法体系，形成了可行的税收筹划方案。同时协助完成了《苏丹国别纳税索引》编纂工作，成为中国石油苏丹税收问题的指导性文本，并形成南北苏丹税法、税收筹划、应急预案管理一整套管理规定。

（2）积极完善驻苏丹单位账务系统。税收协调小组抽调经验丰富的财务专业人员，在深入研究税法征管体系的基础上，对苏丹地区各单位的业务内容、会计核算基础和体系进行研究，制定规划，对建立完备的账务系统、进行账务处理和支持文本进行统一的指导和要求，以满足苏丹政府税务审计需求，积极降低税务风险。

（3）税收风险防控。积极做好与南苏丹政府税务等相关部门沟通谈判工作，逐步就相应的纳税问题达成一致意见，并积极通过中国石油天然气集团公司高层和中国驻南苏丹大使馆协调，将达成的意见以协议或备忘录的方式确认下来，避免以后出现纠纷。如遇到税务纠纷，通过协调相关项目及时启动应急措施，树立中国石油"一盘棋"思想，统筹开展税收协调工作，取得了明显成效。

五、资金风险应对

根据中国石油和海外勘探开发公司对国际业务、资金管理的要求，结合尼罗河公司多年的经营实践，对资金安全运作和风险管控措施如下：

（1）开展金融市场情况及资金渠道调研，掌握相关资金通道使用的基本信息，并结合实际情况设计企业在该地区的财务运行模式，从架构上避免资金运营风险。

（2）针对资金操作建立相应账户体系并确定结算方案。确定业务资金操作中心和主账户所在地点，确定主结算通道并设计备用结算通道。

（3）资金运行测试。测试原则一般以小额、多币种、全通道为基础。只有完成了全通道测试，包括企业与银行间、银行内部、银行与代理行之间的业务测试，制订整改措施，为日常资金操作流程的建立提供依据。

（4）加强日常资金管理制度的建立和管理人员的配备。通常情况下，敏感地区的资金运作具有高风险性、特殊性，在操作上具有复杂性和多变性，更多地要依靠管理人员的专业经验和职业判断，因此在管理人员的选择上，应侧重于具有涉外财务管理经验并熟悉国际结算业务的人员。实践证明，企业在敏感地区资金运营的安全性很大程度上取决于各级资金管理人员的责任心和管理水平。设立专门的资金管理岗位具体执行资金在该地区的运作，由业务主管领导牵头成立专门的资金管理小组，对重要资金问题及时进行分析讨论并研究解决方案。

（5）加强当地货币的支付比例，加快硬通货的支付，维持账户较低的头寸水平，以避免可能发生的汇率风险。

六、环保风险应对

尼罗河公司树立"保护环境就是保护生产力，改善环境就是发展生产力"的理念，提前筹划，科学安排，加强环境管理和环保专业技术的储备与更新，提高环保专业化管理能力，全面落实合规性评价，从源头防治污染和保护生态，采取综合性防治措施，实现污染物全面稳定达标排放及减量化、资源化和再利用，加强环境应急管理，完善环境预警机制和应急体系，强化环境监测和统计工作，提高环境保护的科技水平，有效减少一般环境事件，遏制较大环境事件的发生。

尼罗河公司以国际通行的环境保护管理体系为基础，一方面依据苏丹环保标准提高对环保的重视，同时也严格按照中国石油海外业务环境管理的系列规范，持续推进环境管理工作。

尼罗河公司首先根据苏丹国家的环保法律建立了法律法规数据库和环保合规性评价程序，不断健全环保合规性管理模式；按照项目启动前、作业前、运营中、结束后几个环节，明确各阶段环保工作核心任务，确保项目运行过程规范，加强项目全生命周期运行监管；加大环保方面投入的资金，严格控制"三废"排放，并安排专业人员监测大气和水环境，保证大气污染、烟尘、噪声等全部达到苏丹国家环保标准。通过增设废物处理设施，如减黏污水处理站、生物降解池等提高污水、产出水处理能力。在环保隐患排查和专项课题研究的基础上，集中解决历史遗留问题和重大环保隐患，加强对日常环境隐患的动态管理。针对难以处理的废物，尼罗河公司专门聘请代表国际最高环保水平的公司进行处理，切实履行环保高标准的要求。注重节约能源，对产出水实施回注再利用，既节约资源又保护环境。此外，尼罗河公司在环保方面还注重科技创新，如加大天然气利用技术力度，进行天然气回注和发电，既减少了大气污染，又节约了成本，提高了油井产量和经济效益。

七、安全风险应对

苏丹地区安全生产管理难度大，突出表现在以下四个方面：

（1）受战争和武装冲突破坏及社会安全风险持续高位影响，油田现场生产安全的管控难度加大，人身安全受到挑战。中苏石油合作一直在苏丹、南苏丹民族矛盾和内部冲突中顽强前行。两苏部落众多，部落冲突频繁，政府与其反政府武装之间的冲突、战争不断，反政府武装骚扰、冲击、破坏油田生产设施现象频发，严重干扰油田正常生产。2011 年，南苏丹独立后受 2012 年油田被迫停产、2013 年"12·15"冲突的影响，武装抢劫盛行；油区周边地方政府的管理职能弱化，武装抢劫、枪击、绑架等恶性安保事件多发。生产作业秩序受社会安全严峻形势袭扰，现场日常作业支持及安全保护等均受到不同程度制约、阻碍。南苏丹与苏丹分立后，围绕石油利益分配、国家债务分配及边界问题爆发的南北战争对主力油田设施造成严重破坏。

（2）受美国和西方国家制裁影响，油田生产设施性能脆弱，安全风险突出。1997 年，美国和西方国家对苏丹实施经济制裁，造成采购困难，油田生产急需的大部分欧美物资及配件供货中断，致使油田设施设备的更新、维护及保养难以到位。炼油项目检修周期延长、检维修和维护及设备更新投入严重不足、原料劣质化等问题都对炼厂的安全生产构成了严重挑战。南苏丹分立，南苏丹与苏丹边境处于关闭状态，油田物资运输只能经由肯尼亚蒙巴萨港通过朱巴至现场的水运或空运来运输，运力十分有限，物资供应仅能维持油田基本生产需求，后勤保障能力有限，给在产油田带来安全生产问题，治理和解决难度加大。

（3）国际承包商和本土承包商并存，工程技术和建设行业 HSE 管理能力良莠不齐，管控难度加大。迅速发展的石油工业，催生了一大批本土企业，直接参与油田工程建设、技术服务和物资供应等，并受到资源国政府的大力支持和法律法规的保障。加之，美国和西方国家对苏丹经济制裁，欧美石油服务商撤出了苏丹市场。给苏丹、南苏丹本土企业进入油田市场提供了空间。但由于两苏石油工业起步较晚，本土企业在技术、管理和安全体系建设等方面的建设仍与联合作业公司管理有较大差距，致使企业的 HSE 管理难度加大，HSE 风险增多。

(4) 联合作业公司本土化进程加大，HSE 体系效能风险增加，安全生产工作过程管控能力下降。随着属地化进程加快，联合作业公司和参与两苏石油工业发展的各专业工程技术、工程建设企业的当地雇员逐年增多，给油田一线监督和现场管控带来挑战，致使关键岗位人员投入预防的精力严重不足，给第三方和联合现场检查及审核带来诸多困难。与此同时，受周边国家高薪高福利吸引，联合作业公司本土技术骨干大量流失。加之受本土化政策限制，投资企业技术人员补充受严格限制，也使 HSE 体系效能风险增加，安全生产工作过程管控能力下降。

主要应对措施：

(1) 岗位职责清晰。落实"谁主管谁负责、谁作业谁负责、谁指挥谁负责、谁的区域谁负责"和"管工作必须管安全"的原则，从上到下、从联合作业公司到各承包商，健全完善安全生产责任制，切实将安全环保职责明确落实到每个岗位、每名员工。

(2) 有感领导垂范。联合作业公司管理层成员坚持每月率领相关部门人员去油田生产现场，检查指导工作，尼罗河公司领导和各中方承包商领导坚持至少每季度去现场进行 HSSE 检查和督导。

(3) 关注重点领域。对承包商管理、井控预防、交通安全、高危作业、检维修施工、雨季用电安全等易发生事故的重点领域、关键环节、特殊时段制订专门安全管理方案和作业施工许可，进行严格把控；对社会安全风险，从人防、物防、技防以及信息综合等多维度予以削减，制定专项预案及统筹预案并逐一宣贯到每名员工，确保员工人身安全。

（4）果断替代替换。对因受欧美制裁影响而无法正常进货、开展检维修，造成停工停产的设备设施，进行专家会诊，寻找购买可替代的产品及其备品备件，确保生产可持续进行。

（5）坚持考核推动。联合作业公司和尼罗河公司均制定了HSSE 绩效考核制度，对 HSSE 管控绩效好的个人和组织予以通报嘉奖，有力推动了 HSSE 各项政策、程序、标准以及管理规定的有效落实。

（6）伙伴审计完善。联合作业公司对各合作伙伴的 HSSE 审计予以大力支持，对审计发现的不符合项予以高度重视，保证整改资金投入；中方承包商的公司本部也经常派团开展现场审计，为削减安全风险提供了很好的支持。

第十四章
应急体系建设及实践

在苏丹项目上下游业务 20 年发展过程中，苏丹和南苏丹多次发生重大社会安全风险，油田作业生产和员工人身安全面临重大风险，在完善的应急管理体系指导下均成功应对。

尼罗河公司把制定完善的应急管理体系作为经营中最重要的任务之一。为此，苏丹项目在集团公司和海外勘探开发公司防恐安全应急体系的基础上，按照集团公司"保证员工安全、保持生产稳定、保障集团利益"的"三保"目标，为应对两苏地区高风险的投资环境，从 20 世纪 90 年代开始，逐步按照国际化的管理和科学、有效运行的要求，结合项目作业特点及苏丹、南苏丹社会政治局势，建立并不断完善应急管理体系，因地制宜地制定了公司的工作方针和工作原则。其中工作方针为：升级管理、提高意识、细化预案、落实资源、加强演练。工作原则是：确保红线，即确保员工人身安全；坚守底线，即坚守生产作业安全；拓展信息预警，实现本质安全。

在 20 年发展过程中，尼罗河公司根据这个方针和原则，不断完善应急管理机构，扩展安保信息收集渠道，提高评估预警能力，升级完善应急预案，夯实 4 个应急平台，落实应急资源，强化应急培训和演练，逐步形成了常态规范高效可行的应急管理体系，实现了应急管理科学化，多次有效应对重大社会安全风险。

第一节　应急管理体系建设

一、苏丹地区应急组织机构

苏丹地区的应急组织机构，分为中国石油苏丹地区协调组应急组织机构和联合作业公司应急组织机构。

1.苏丹地区协调组应急组织机构

苏丹地区企业协调组应急工作领导小组是中国石油在苏丹和南苏丹应急管理工作的领导机构，负责中国石油在两苏各单位的应急统一协调和社会安全突发事件的应对组织工作。其中组长由苏丹地区企业协调组长担任，成员由尼罗河公司其他管理层成员、有关业务部门和驻苏丹单位主要负责人共同组成，根据管理职能的分工负责专业类风险管理；各项目公司实施风险管理具体操作工作；针对全面风险管理体系建设运行，重大风险事件由尼罗河公司和风险管理小组领导层集中管理和决策。

根据中国石油在苏丹的业务特点和联合作业公司的应急工作运作机制，明确了两级决策、四级负责的应急组织机构，分级负责各类突发事件的预警、决策和应急协调组织工作。两级决策分别为：由苏丹地区协调组牵头及中国石油在苏丹各单位负责人组成第一级决策层级，负责地区预警级别调整、中方人员全部或部分撤离等决策，推动联合作业公司下达应急指令；第二级决策层级以油田现场为协调中心，由中国石油各单位现场负责人组成的现场应急协调小组，负责油田局部区域预警级别调整、中方人员部分撤离或规避、实施外围油田资产保全等中方决策，落实联合作业公司应急指令和应急工作领导小组协调指令。四级负责是指由苏丹地区应急工作领导小组、各单位应急工作组、油田现场应急协调小组、各单位现场应急组组成的四级应急指挥网络，这四级指挥网络做到了横向到边、纵向到底，确保涵盖为油田服务的所有中国籍员工的承包商单位。

2. 联合作业公司应急组织机构

联合作业公司主要负责合资项目应急管理。其应急管理组织体系包括公司危机管理小组、油田现场应急管理小组和厂站应急反应小组三级应急组织，分别由总裁、油田现场经理和各厂站总监担任组长。厂站应急反应小组负责辖区范围内发生的事故和突发事件应对，对所属厂站设施的保护可按预定程序临机处置；油田现场应急管理小组负责涉及油田整个范围内事故和突发事件的应对及组织协调、报告等，对边远油田设施的保护可按预定程序临机处置；联合作业公司危机管理小组负责整个联合作业公司范围内事故和突发事件的应对及组织协调、报告、新闻发布等，在获得政府批准的情况下，对主力油田和外输管道等核心资产保护可按预案进行处置。

二、苏丹地区企业协调组应急体系与联合作业公司应急工作体系对接

为确保苏丹地区协调组应急体系与联合作业公司应急工作体系有效对接，两方通过多层面沟通，部署升级预案、靠实资源和加强演练工作，并推动联合作业公司派出专职 HSE 人

员到油田现场进行应急预案和应急资源专项检查，确保中国石油甲乙方之间、中国石油各单位与联合作业公司之间应急预案充分有效衔接，并以此为基础建立了 4 个应急平台。

（1）应急指挥协调平台：主要负责整体研判社会安全局势，推动联合作业公司适时做出决策，组织协调人员撤离和资产保全，确保承包商反应迅速。

（2）应急信息预警平台：主要负责建立多层次信息收集网络，建立信息沟通联络机制，发布安保评估预警以及设立预警线和预警信号。

（3）应急通信保障平台：主要职能为推动多方式应急通信网络建设；强化卫星通信保障；建立统一通信平台和监督通信网络状态。

（4）应急资源共享平台：主要职能包括应急飞机座位与人数匹配；应急车辆座位数与人数匹配；应急物资统一调配以及监督应急资源落实情况。

在此基础上，苏丹地区还通过 11 项工作进一步将应急管理工作做细、做实。

（1）健全机构。为确保突发应急工作万无一失，苏丹地区协调组在深入对接各联合作业公司应急管理体系并结合中方各单位应急预案的基础上，进一步对应急组织机构进行了梳理，明确了喀土穆或朱巴和油田现场两级应急工作指挥和协调层级、流程和授权范围，以保障应急状态下各级应急组织能够高效反应，正确指挥协调，确保员工人身安全。

（2）完善机制。经过不断探索，苏丹地区应急管理体系实现了与联合作业公司应急体系有机融合和相互支撑。中方体系以预警和协调组织为主，联合作业公司以指令系统和应急运行为主，实现协调统一，共同促进。其中应急指令由联合作业公司统一下达与解除。苏丹地区应急工作领导小组根据不同等级的安全威胁、预警信号以及社会安全局势整体研判，推动联合作业公司适时做出相应应急决策。

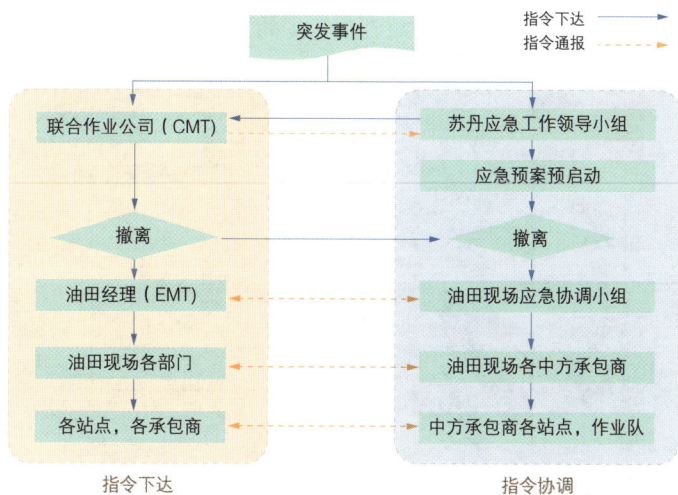

苏丹地区应急指令下达流程图

（3）提升意识。在中国石油推行社会安全管理体系以来，苏丹地区公司全体员工经过防恐专业培训后，社会安全意识得到了大幅提高，"员工生命高于一切"的价值观和理念入脑入心，培育了良好的企业社会安全管理文化。为了强化和提升员工社会安全意识，苏丹项目在防恐取证培训的基础上，完善形成了防恐应急培训红—黄—蓝三级培训制度。对属于红线控制范围

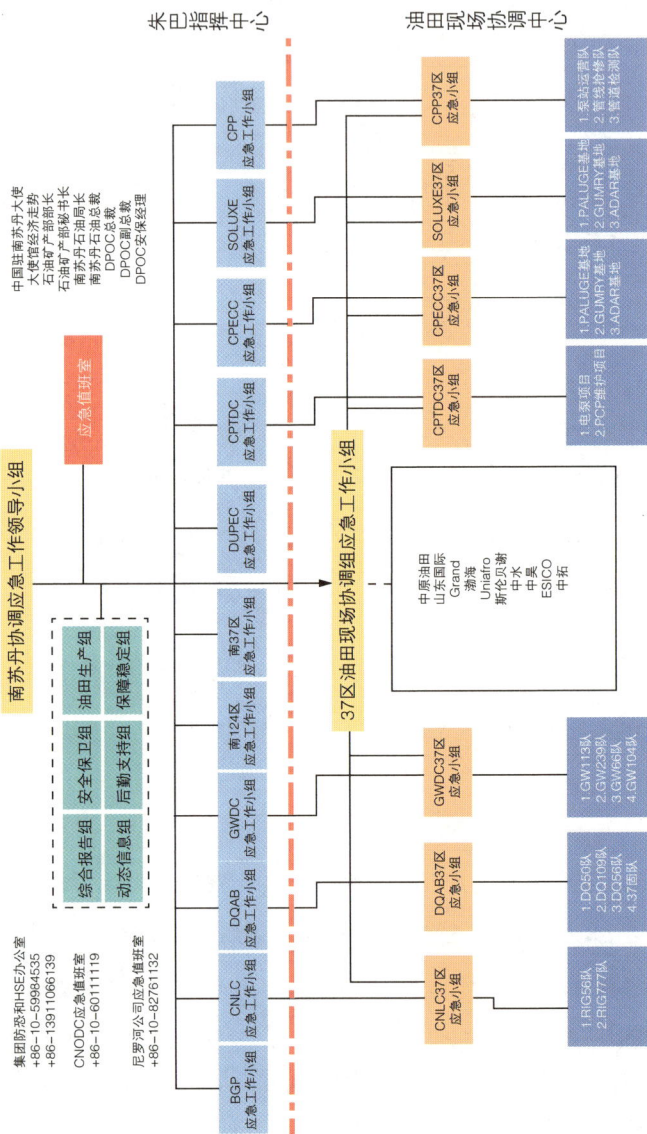

南苏丹协调应急组织机构图

的员工，需要参加防恐培训并取证合格，对属黄线警示范围的员工，在喀土穆／朱巴接受最新形势教育；对蓝线范围的员工，在现场采取应急培训和演练相结合的方式提升防恐能力。

（4）扩展信息。依据"及时获取、快速核对、准确分析"的安保信息预警系统工作要求，组建了多层次的安保信息收集和分析网络，从现场员工到各级管理人员全方位立体化收集信息。加强同政府、使馆、维和部队、当地友好人士的交流联系，及时、更多地收集官方信息；各单位应急工作小组加强诸如网络、报纸、国家电视台等公开报道的地区局势和涉及油田的相关媒体信息收集；油田现场应急工作协调小组、基层站点、施工队等应充分利用班前会议、重点雇员等渠道及时获取更多油田周边安全形势等民间信息。各单位应急值班室负责对每日汇总收集的所有信息进行对比分析，扎实开展区域社会安全形势研究与风险动态评估工作，及时发布社会安全预警。在此基础上，鼓励中方人员与当地雇员加强交往联络感情，建立了各单位与油田周边地区的当地雇员定期联络机制，联合作业公司中方人员与安保经理每天的信息沟通机制，HSSE 人员与中国维和部队定期联络机制，协调组与中国使馆每周定期会晤机制以及安保信息每日分析及共享机制。

（5）强化预警。在信息收集的基础上，推动联合作业公司安保部门，组织中方和投资伙伴以及承包商单位对油区安保状况进行全面评估，做好多元化安全预警。苏丹地区协调组结合油田生产流程及设施重要性、道路条件、战场态势等情况，在油田现场设立至少两条预警线和五级预警信号。

第一级预警线以油田作业区周边 50 千米范围外敏感区域为界。第二级预警线以油田作业区边界为界。

蓝色、黄色、橙色、红色、黑色五级预警信号，分别代表油田周边平静，反政府武装向第一警戒线集结，政府军与反政府武装在第一警戒线交战，反政府武装突破第一预警线，政府军与反政府武装在第二警戒线交战。

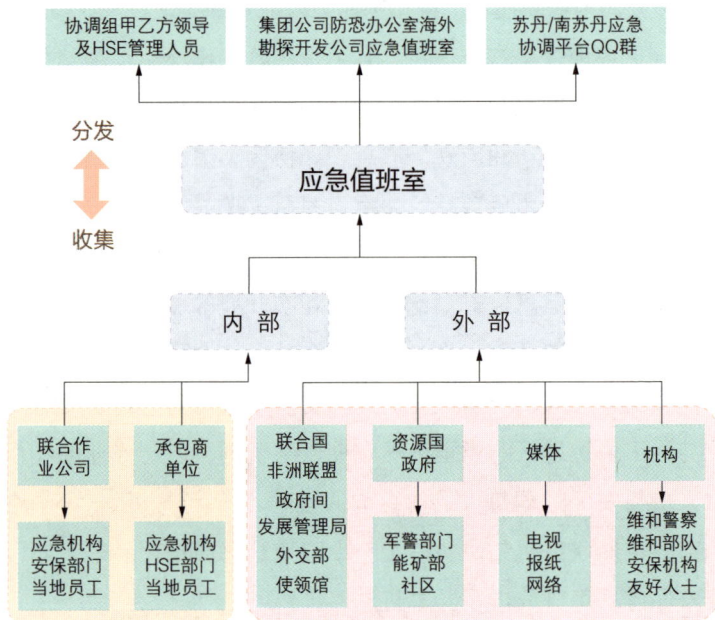

苏丹项目安保信息收集分发图

（6）升级预案。结合苏丹和南苏丹各项目所在区域的社会风险和业务实际，苏丹地区协调组定期对应急预案进行更新，各项目公司按照体系要求每年对应急预案进行评审和升级。针对特定社会事件，制定专项应急预案。目前，苏丹项目应急预案于 2015 年初升级到第五版，并且制定了针对苏丹 2015 年大选的专项应急预案。按照常态规范要求，每日、每周或每月对人员信息、通信信息、应急飞机和车辆信息、应急物资信息等进行更新。

以南苏丹 37 区油田现场紧急撤离预案为例，地区协调组推动南苏丹 37 区联合作业公司和各承包商单位根据当前实际情况升级撤离方案，从空中到陆路部署多种撤离通道，并为之配备应急资源。

苏丹和南苏丹项目公司生产和作业部门，根据中方人员岗位和资产保全计划安排，定期更新中方人员撤离名单。根据不同的预警级别和战场态势，苏丹地区协调组以及联合作业公司分别制定了对应的应急指令，以确保中方人员能够有序撤离和最大限度保全油田资产。橙色、红色、黑色预警分别对应一级、二级和三级撤离指令。

预警撤离指令

一级撤离（橙色）	二级撤离（红色）	三级撤离（黑色）
外围油田中方人员撤离至油田主营地，非关键岗位中方人员（第一批次）撤离油田现场，转移到安全地区	油田稳产关键岗位人员（第二批次）撤离油田现场，转移到安全地区	维持主力油田基本运行核心人员紧急撤离油田现场，转移到安全地区

除此之外，还制订了紧急状态下油田关停方案，对油田设施安全保护优先级、油田关停产的策略原则、油田关停产实施方案和技术实施方案做了明确规定。

油田设施安全保护的优先级

A	B
油田（区块）安全保护优先级。按其对全局影响的重要程度，在关停时间充足条件下，优先级从低到高依次关停	油田（区块）内部设施安全保护优先级。优先级从低到高依次关停的顺序为：单井地面和井下设备、集油站和集油站至中心处理厂集输管线、油田内部站间输运管线、中心处理站、电厂、泵站、外输管线

实施油田关停产的策略原则

A	B	C
依据时间紧迫程度和油田设施保护优先级别，合理调配人力、物力资源，整体部署，有序实施	非紧急情况下，按油田（区块）优先级和油田（区块）内部设施之间的优先级顺序，分批或同时实施安全关停措施；保持原油生产与外输均衡，满足外输管线最低输量要求	紧急情况下，征调油区全部甲乙方可动用资源，优先保障高优先级油田及油田设施

依照安全形势紧迫程度，将油田关停产划分为 4 个阶段依次实施。

油田关停产实施方案

第一阶段	第二阶段	第三阶段	第四阶段
停止野外流动作业。包含修井作业在内的野外施工作业全部暂停，设备封存保养，相关人员撤回朱巴待命	关停边远油井和处理站。首先关停边远油田低含水井及区块，减小紧急情况下的关井扫线工作量；必要时立即关停、隔离边远地区处理站，油井产液直接进入管线输往中心处理站	降低中心处理站罐位，关停油田低含水井，保持高含水井生产，减小来不及扫线情况下油田集输干线和站间输运管线凝管堵死的风险	冲洗中心处理站外输管线，关停全部油井和处理站。该阶段是否最终实施取决于油田现场的安全形势

油井大规模关停和井口管线扫线工作量大，需动用人力、物力资源多，耗时长，是实施油田安全关停的基础。结合安全保护优先级和实施油田部分关停的策略原则，将全部在产油井

按照含水率划分为 3 个级别，关停次序如下：

在产油井关停次序

次序	步骤
1. 含水率不大于 50% 的油井	首先关停低含水油井并完成扫线，用以减少紧急情况下的工作量；最后关停高含水油井，用以在紧急情况下充填管线防止凝管，并为冲洗、充填下游外输管线提供热水。油井关停产技术实施方案将在密切跟踪、研判油田周边安全形势的基础上适时启动，按宏观阶段和优先级别有序实施，最大限度保全关键生产设施，避免重大环境污染事故
2. 含水率为 50% ~ 70% 的油井	
3. 含水率不小于 70% 的油井	

（7）靠实资源。扎实落实应急资源是保证应急预案顺利实施的根本。苏丹地区协调组推动联合作业公司和承包商单位对急资源进行了认真梳理，确保应急资源充足，并留有富余量。主要应急资源包括应急飞机、应急车辆、应急避难房、应急物资等。

其中在应急交通工具方面：2015 年初共签约飞机 34 架，共计超过 1800 个座位，基本能满足油田现场应急有序撤离要求。在此基础上，苏丹地区协调组还通过工程技术服务等单位锁定备用飞机资源，确保紧急情况下空中撤离组织顺畅。同时督促跟踪往来南苏丹国际航班变化情况以及南苏丹国内航班情况，在紧急状态下优先组织商业航班运送中国石油员工从朱巴离境。在应急车辆上，以各个项目公司为主体，结合各工程服务单位，定期统计应急车辆，确保油田现场车辆满足全体人员在紧急情况下陆路撤离要求。

在应急物资储备方面：物资储备统筹考虑中方和当地员工

需求，各单位建立应急物资储备制度，安排专人管理，定期维护及更新，相关物资清单定期报应急值班室备案。同时充分发挥中国石油整体优势，资源共享，在紧急状态下苏丹地区应急工作领导小组有权统筹调用应急物资，事后予以补偿。按照苏丹地区协调组应急物资指导清单，各单位均配备了不少于两周的饮用水、食品、燃料、急救和常用药品等；员工个人配发了个人应急包及应急备用金。

在应急避难房方面：全面建设和完善油田现场和喀土穆／朱巴各单位营地防弹房，并落实防弹房所需通风、照明、应急物资、应急通信、上锁和防撬等措施。

（8）狠抓"三防"。

"人防"方面：严格执行中国石油天然气集团公司国际部和苏丹地区协调组双审双签制度，保证中方员工数量与应急资源相匹配；油田现场营地和野外作业各站点各井场配备武装护卫。

"物防"方面：在油区各站点和井场等建设标准化的防弹墙、土墙壕沟铁丝网、避难房、出入口控制等设施，如 6 区的双层铁板制作防弹墙、4 区的土墙壕沟铁丝网、南苏丹各井队的避难房和出入口控制措施等。

"技防"方面：推行现场出行确认制度，加强现场旅程管理；配备闭路电视（CCTV）监控系统和应急报警装置；朱巴地区实行灯火管制和 24 小时不间断巡视等措施。

（9）保障通信。秉承平战结合的理念，在充分考虑当地社会资源的基础上，苏丹地区协调组应急小组与联合作业公司和承包商单位建立了无线电台、移动通信、卫星电话、卫星网络等多种方式的应急通信网络。在喀土穆／朱巴、油田主要营地和钻修井队等至少配备了 4 套通信网络，规模较小的流动性作业小队至少配备了两套通信网络，包括一套卫星通信网络。第一套网络是油田现场以联合作业公司为主，覆盖全油田作业站点的无线电台通信网络。该系统由联合作业公司控制，不易被外界干扰，是油田日常生产指挥和应急通信的主要手段。中国石油各单位现场也根据各自特点，建立了自己的无线电通信网络，并在联合作业公司配属一台车载电台，实现甲乙方信息互联互通。苏丹地区协调组考虑到战时民用移动通信可能被切断的情况，牵头在朱巴搭建了覆盖中国大使馆和中国石油各单位驻地的无线电应急通信网络，方便应急联络指挥。第二套网络是联合作业公司依托当地移动通信运营商，大力推动油田现场增加信号基站建设，初步实现了以 MTN 公司为主、ZAIN公司为辅的手机信号在油区营地的基本覆盖。联合作业公司大力推进边远油田手机信号基站的建设工作，以便尽快实现油田手机信号全覆盖。苏丹和南苏丹均完成了 Awaya 电话出局项目，实现了当地手机和 Awaya 电话的绑定，并可直接拨打油田现场员工的车载电台。第三套网络是卫星电话网络。目前各联合作业公司和油田现场站一级单位均配置卫星电话；中方工程技术服务单位实现了各独立站点、作业队、边远油田流动作业的卫星电话全配置和中外方应急通讯录共享。第四套网络是联合作业公司和中方各单位依托卫星通信系统（VSAT）和卫星电话系统建立了各自网络系统。依托网络，苏丹地区协调组牵头建立了涵盖中国石油现场各单位安保信息的 QQ 群，有效地保障了安保及应急信息的及时传递和共享。

此外，为保证卫星电话在突发事件应对中随时可用，苏丹和南苏丹项目分别组织各单位定期进行卫星电话测试和随机抽查，确保其始终处于有效工作状态。为了确保通信网络有效畅通，还建立了每周测试制度。目前，中国石油苏丹和南苏丹甲乙方单位共有约150部（苏丹79部，南苏丹71部）卫星电话，应急电台等状态良好。

（10）加强演练。按照应急预案要求，苏丹和南苏丹项目强化应急预案培训和演练，正常保持"一季度一练"，敏感时期"一周一练"，模拟真实场景，切实提高员工防恐意识和应急处置能力。同时，指导各单位开展相应的社会安全应急突发事件应急演练，管道业务以输油管线遭袭而导致原油泄漏造成环境污染，工程建设公司现场施工遭武装袭击，钻修业务搬家运输过程中人员遭劫持，物探公司周围社区阻挠进而遭到人身攻击等为模拟场景进行应急撤离演练。

第二节　应急管理实践及启示

2015年4月初，由于南苏丹上尼罗州尼罗河西岸希鲁克部族与丁卡部族武装冲突，南苏丹37区油田（以下简称南37区）周边安全形势骤然紧张。5月19·日，希鲁克部族反叛武装与政府军在距南37区油田40千米的马鲁特县发生激烈交火。一旦叛军攻破政府军防线突袭油田，将严重威胁到在油田现场生产作业的 400 多名中方人员安全。当日，在南苏丹石油矿产部同意南 37 区油田现场非关键岗位中方人员撤离后，南苏丹协调组及时启动应急预案，于 5 月 20 日从油田现场安全平稳有序紧急撤离中方人员 477 人。同时在法鲁济油田留守 16 名中国石油员工维持基本生产，油田现场预留一架 60 座飞机，24 小时待命，以备极端情况下撤离留守员工。5 月 27 日，在油区安全形势稳定可控、南苏丹政府下达复产指令后，南 37 区油田开始逐步恢复生产。"5 · 20"紧急撤离实现了中国石油要求的"三保"工作目标，再次验证了尼罗河公司南苏丹项目应急安全体系的严密有效，展现了中国石油勇于担当的精神，赢得了南苏丹政府及投资伙伴的认同、尊重和信任，提升了中国石油负责任的国际石油公司的品牌形象。主要的做法和经验如下：

（1）第一时间启动应急预案，确保紧急撤离行动安全高效有序。

鉴于油田周边安保形势恶化，南苏丹协调组于 5 月 17 日将南 37 区油田预警级别提升到 II 级，恢复 24 小时应急值班制度。19 日，叛军和政府军在马鲁特县发生激战后，南苏丹协调组将南 37 区油田预警级别提升到 I 级，综合协调、安全保卫、油田生产、动态信息、后勤支持和保障稳定 6 个专业小组进入应急状态，全面行使职能。全力收集分析油田周边安保信息，密切关注油田周边冲突动态，24 小时保持与油田现场中方人员的实时联系。要求甲乙方各单位进一步完善现场非关键岗位中方人员撤离，准备实施安全关停油田和资产保全方案，听从指挥、保持镇静。

5 月 19 日下午 4 时，南苏丹石油矿产部和南 37 区联合作业公司下达撤离非关键岗位中方人员指令后，南苏丹协调组迅速及时启动应急预案，执行现场非关键岗位中方人员紧急撤离计划，在朱巴锁定包机 4 架（单次总座位 204 座），在喀土穆锁定苏丹 6 区和 124 区各 1 架直飞包机（共 98 座）；制订了分 3 批次撤离现场中方人员计划，第一批撤离非关键岗位中方人员，第二批撤离实施关停井以外的其他中方人员，第三批撤离实施关停井的 16 名中方人员。同时要求现场中方人员保持镇定有序，随时做好就地撤离至掩体（防弹房）的准备。20 日，鉴于现场安保形势进一步恶化，决定紧急撤离除 16 名留守人员以外的全部中方人员，同步调整了飞机飞行计划和现场撤离人员名单，并安排一架 60 座飞机 24 小时待命，随时准备撤离留守维持生产人员。

（2）紧急约见南苏丹石油矿产部部长，确保撤离行动循章合规和中方利益。

南 37 区项目由多家投资伙伴共同运营，没有南苏丹政府批准和联合作业公司的撤离指令，将对中方队伍紧急撤离后造成的损失进行赔偿产生重大影响。5 月 19 日下午 4 时，南苏丹协调组领导会同中国驻南苏丹大使馆商务参赞，紧急拜会了南苏丹石油矿产部长，鉴于毗邻油区的马鲁特县安全形势恶化，提议紧急撤离油田现场非关键岗位中方人员。石油矿产部长支持中方紧急撤离油田现场非关键岗位中方人员，并保证将尽一切力量保护现场中方人员的人身安全。政府同意并下达撤离指令，为"5·20"紧急撤离提供了法律依据，确保了中国石油投资和承包商单位的合法利益。

(3) 与驻南苏丹机构建立应急联动机制，确保紧急撤离行动有坚强的保障和准确的信息。

密切保持与中国驻南苏丹大使馆、维和部队、维和警察及其他有关方面的沟通汇报，多渠道收集信息，获取现场最新局势动态，及时进行预警。5月17日下午和晚间，南苏丹协调组领导分别拜会了中国驻南苏丹大使馆和南苏丹石油矿产部官员，就油田周边安全形势和有关应急工作安排进行沟通。南苏丹石油矿产部表示，保卫油田安全是政府第一要务，政府正在部署增援马拉卡，油田安全形势暂时无忧，并将及时向中方通报油田周边安全最新情况。19日晚，南苏丹协调组领导再次向中国驻南苏丹大使馆经参处汇报了南37区油田周边安全局势和中国石油应急撤离方案，研判了有关信息和现场形势。大使馆赞同中国石油对局势的判断，支持对非关键岗位人员的紧急撤离；从使馆层面照会南苏丹外交、国防、国家安全部门，要求确保中方员工人身安全；中国驻南苏丹大使馆提供全面协助；要求中国石油高度重视，切实保障人员安全；坚守底线思维，视情采取果断措施，确保中方同胞的安全撤离。中国驻苏丹大使馆在听取尼罗河公司紧急撤离南37区油田现场部分中方人员至喀土穆的汇报后，迅速协调苏丹外事、航空部门，开辟南苏丹紧急撤离中方人员应急入境许可和特别通道，保证了撤回喀土穆的92人（中国石油员工65人，非中国石油员工27人）顺利及时入境。中国驻南苏丹、苏丹大使馆及维和警察、维和部队等以中方员工人身安全为本，以国家石油利益为重，高效协调南苏丹政府批准撤离油田现场非关键岗位中方人员，及时提供大量准确信息，为"5·20"成功紧急撤离提供了坚强保障。

（4）发挥中国石油一体化优势，确保紧急撤离资源、路径多元化。

此次紧急撤离，中方共动用应急飞机 8 架次，其中尼罗河公司 2 架次，大庆石油管理局、工程建设公司和中原油田公司各 2 架次。5 月 19 日下午 4 时，接到南苏丹石油矿产部同意撤离非关键岗位中方人员通知后，南苏丹协调组立即召集中国石油驻南苏丹各单位，召开紧急会议，就靠实应急飞机、保持前后方通信信息渠道畅通、制订油田保全方案、现场人员指挥调度等做出统一安排。在南苏丹协调组统筹下，"5·20"紧急撤离过程中，中国石油驻南苏丹各单位发挥中国石油一体化的优势，共享应急飞机资源，现场相互协助，共克时坚。尼罗河公司从喀土穆调度的两架应急飞机，为确保 20 日撤离计划中撤离全部中方人员发挥了重要作用，并实现了撤离路径的多元化。

（5）推动联合作业公司优化完善油田关停井方案，尽最大努力保全油田资产。

做出紧急撤离计划前，各方消息显示，反政府武装拥有威力较大的火炮，可远程攻击马鲁特附近的 Moleeta 油田。经过对 Adar 与 Gumry 以及法鲁济局势发展的推演，双方交战很有可能影响到油田安全。对此，中方要求联合作业公司做好油田关停井方案的准备，最大限度保全油田资产。按照对油田整体影响和时间紧迫程度，确定紧急状态下依次关停边远油井和集输站。同时，各油田注水站停止注水，开始在产出水罐内蓄存热水，用于油井管线冲洗及紧急关停时外输管线冲洗。联合作业公司在法鲁济油田安排两台扫线车，开始对部分边远低含水井关井扫线。Adar 油田和 Gumry 油田处理站开启旁通，提高输往法鲁济油田 FPF 的管输含水率，以降低突然关停井时站间管线凝管的风险。紧急撤离前制订的"精简人员、确保安全、优化方案、维持生产"的油田生产和资产保全方案，维持了南 37 区油田基本生产，不仅保障了南苏丹政府的财政收入来源，而且维护了国家石油利益，深化了中南经贸合作，增进了两国政治互信。

第五篇

文化之魂

第十五章
爱国奉献文化

　　"爱国奉献"是苏丹项目的中国石油人继承弘扬大庆精神、铁人精神的鲜明特质。在跨国经营的探索实践与追求中，苏丹项目在海外特殊条件下，大力弘扬中华民族文化和中国石油优良传统，并不断赋予其新的时代内涵。突出表现为注重引导中方员工牢固树立三种意识，即责任意识、大局意识以及"爱国奉献"的群体意识；致力于打造"四个特别能"，即特别能吃苦、特别能战斗、特别能奉献、特别能胜利的海外员工队伍，鼓励员工在海外特殊环境下以实际行动为国争光、为中国石油争荣，向资源国政府和人民以及投资伙伴展示中国石油文化精髓，展示中国石油人友好、尊重、合作的精神风貌。

一、坚持弘扬大庆精神、铁人精神，夯实"爱国奉献"精神基础

　　大庆精神、铁人精神，是社会主义核心价值体系的重要内容、典型体现和生动展示。其核心是爱国，精髓是艰苦奋斗，本质是"我为祖国献石油"。

　　长期以来，苏丹项目广大干部员工始终高擎大庆精神、铁人精神旗帜，不断夯实爱国奉献精神基础，为苏丹项目快速发展提供强大的思想保证、精神动力和文化支撑。

　　20世纪90年代，苏丹作为联合国认定的全球10个最贫

困国家之一，生产生活物资极度匮乏，自然条件极为恶劣；政局持续动荡，绑架、武装袭击层出不穷，特别是南苏丹与苏丹分立、南苏丹内战以来，社会安全形势更加严峻。苏丹项目的开发建设，不仅要与恶劣的自然环境作斗争，更要承受动荡的政治安全局势的威胁。

面对苏丹恶劣的自然环境和复杂的社会条件，苏丹项目坚定不移地把大庆精神、铁人精神作为员工思想教育的主脉，大力传承弘扬大庆精神、铁人精神，将其融入工作部署、融入发展规划、融入战略目标，以此引领干部价值取向、道德风尚、精神追求。

油田现场极其恶劣的自然环境

1998 年 5 月，非洲最长的管线——苏丹 124 区项目输油管线建设拉开帷幕。为了实现在一年内完成管线建设的庄严承诺，2000 多名中国石油管道将士奔赴非洲，在工作、生活条件极端困难的情况下，凭着坚韧的毅力和忘我的精神，奔波于沙漠荒原、热带雨林中，出色地完成了征地、清关和物资运输等协调任务和繁重的后期服务工作，确保了管道建设速度，仅用 10 个月就高质量地完成了管道主体焊接任务，用一年多时间就使该项目具备了投产条件。张立福同志自己却因为劳累过度，在苏丹踏勘钢管运输道路返回途中不幸病逝，长眠于非洲大地上。

2002 年底，37 区项目按照加强区域勘探的部署，决定充分利用旱季的有利时机，在政府军护卫下，深入反政府军腹地开展地震勘探作业。由于连年内战，勘探区域地雷密布，且常有小股反政府武装出没，时刻威胁着地震勘探队伍的安全。为争取早日取得区域勘探突破，项目负责人写好遗嘱，身先士卒上前线，在当地军队的护卫下，最终趟出一条通道。地震队由此开赴前线，完成了关键地震数据采集工作，打下了苏丹南部第一口油井——Miyan-1 井，为 37 区 1500 万吨／年产能建设打下了坚实基础。

雨季油区道路

运输车辆通过撒哈拉沙漠

2005年1月9日，苏丹政府与苏丹人民解放运动签署《全面和平协定》，开启了6年和平进程，最终促成了南苏丹共和国的诞生，也结束了长达20多年的战争。2011年7月9日，南苏丹正式宣布独立，并被接纳为联合国第193个成员国。南苏丹独立后，原苏丹75%的原油储量和产量为其所拥有，原油储备丰富。但由于生产的原油必须经由苏丹的输油管道才能流向国际市场，加之南苏丹与苏丹双方在边界、国家债务、阿贝耶伊归属及原油管输费用等方面未能达成共识，两国为此多次发生冲突。

2012年3月26日上午7点左右，南苏丹与苏丹在黑格里格油田发生小规模武装冲突，并很快演变为南北边界区域的双方政府军较大规模的军事冲突，对黑格里格油田造成严重破坏。

现场满目疮痍，100多处火点熊熊燃烧、CPF、电站、1号泵站及甲乙方营地等设施均遭受严重破坏。3月26日到4月10日，苏丹124区项目共组织三次累计4531人的大规模人员撤离。就在油田被攻占前几小时，以中方员工为主的现场操作人员一直在维系油田正常生产。4月20日，黑格里格战争的硝烟刚刚散去，以中方人员为主的抢修队伍就立即着手进行设备设施维修，仅用10天时间就在战争废墟上恢复了生产，超出外国专家三四个月才能复产的预期，赢得了苏丹政府及合作伙伴的普遍好评。

2013年南苏丹"12·15"武装冲突期间南苏丹37区油田撤离现场

2013年12月15日晚10时20分，南苏丹首都朱巴爆发武装冲突，尼罗河公司立即启动应急预案，做出系列应对部署和安排。

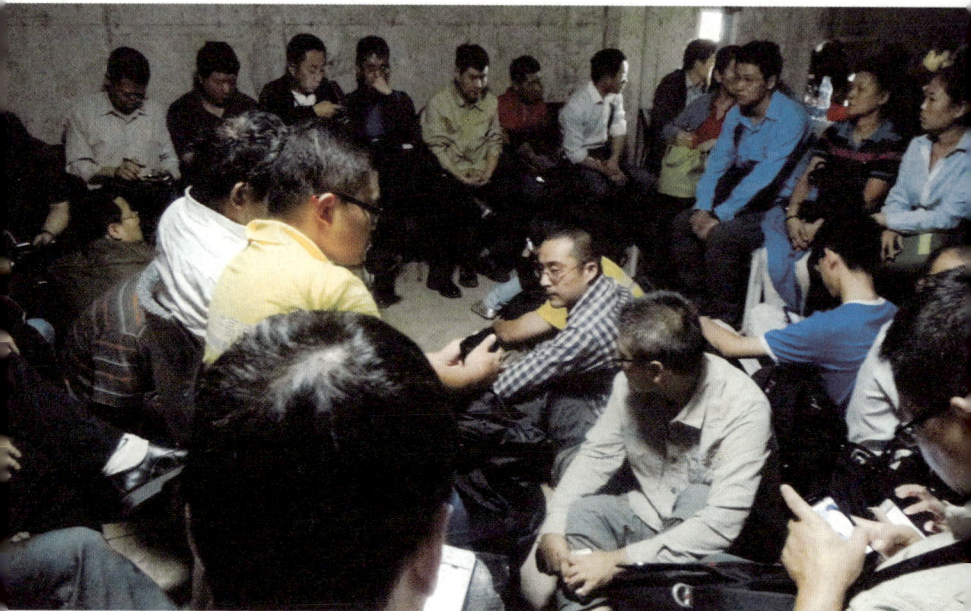

2013年南苏丹"12·15"武装冲突期间地下掩体中的中方员工

21—23日，在我国相关驻外使领馆、中国石油天然气集团公司防恐办公室和尼罗河公司的协调和支持下，南苏丹分公司组织了4架次途经迪拜和内罗毕的紧急撤离。24—25日，南苏丹37区项目共组织了10个班次的飞机紧急撤离。

经南苏丹政府请求，为维持南苏丹主力油田的基本运营，支持南苏丹经济发展。经中国石油天然气集团公司批准，尼罗河公司决定在应急措施保障到位、油田安全形势可控的前提下，保留58名现场关键岗位人员，并逐步减少到23人，同时安排一架应急飞机24小时在油田值守，确保中方员工在紧急时刻安全撤离。

23 名员工用生命的坚守，维持了南苏丹 37 区项目主力油田的基本运营，支持了南苏丹经济和社会发展，提升了中国石油负责任国际大公司形象，为深化中南石油和经贸合作奠定了坚实基础。南苏丹石油部部长指出："CNPC 是最值得信赖的投资伙伴！你们在关键时刻支持了我们，我们不会忘记朋友。今后，我们的合作只会更加紧密！"

20 年来，由于疾病和恐怖袭击，已有 40 多名同胞长眠在苏丹这块土地上。2000 年 11 月，吴邦国同志访问苏丹，在视察苏丹项目和喀土穆炼厂后，欣然题词："艰苦创业楷模，中苏友谊丰碑"。2005 年 11 月，李长春同志访问苏丹，称赞"中国石油的海外队伍是一支特别能战斗、特别能吃苦、特别能奉献、特别能胜利的队伍！"2007 年初，国家主席胡锦涛访问苏丹期间，欣然为苏丹项目题词："中苏合作的典范。"

二、把中国石油的政治优势转化为海外业务发展的比较优势，持续增强企业核心竞争力

党的领导是国有企业独特的政治优势。20 年来，尼罗河公司适应体制机制的新变化和国际运营要求，不断完善领导体制和党建工作机制，扎实开展"三讲"学习教育、保持共产党员先进性教育、学习实践科学发展观、党的群众路线教育实践、"三严三实"专题教育等活动，着力推进"四好"领导班子、"六个一"党支部创建，充分发挥党的领导和优良传统的政治文化优势，公司规模实力和国际竞争力不断提升，在应对重大突发事件中发挥了中流砥柱作用。

1. 强化政治引领作用，把握方向、确定战略、谋划发展

（1）抓住机遇，安全高效优质建成油气合作区。面对资源国紧张的政治、经济、社会安保形势和恶劣的自然环境，尼罗河公司始终坚持党的领导，坚定办企方向，贯彻中央"利用两种资源，两个市场发展石油工业"战略不动摇，将国际石油公司模式、健全法人治理结构和发挥党的政治核心作用有机融合，以发展为第一要务，有效应对各种困难和挑战，为项目发展奠定了坚实基础。1993年，抓住中国石油天然气集团公司"走出去"的战略机遇，开启了中苏合作的历史，并把握不同历史时期的机遇，把苏丹建设成海外重要油气合作区。

在探索创业阶段，制定了学习国际管理经验，尽快实现投资回收，培养锤炼国际化人才队伍的目标，抓住亚洲经济危机国际油价低位的有利时机，加快苏丹124区油田产能建设，仅用两年左右时间就建设完成了苏丹124区油田，在国际油价高企后实现了油田投产和原油外销，为早日实现投资回收奠定了坚实的基础。

在快速发展阶段，确立了提升管理经验、争当作业者、树立良好形象的目标，发挥集中力量办大事的优势，勘探发现并快速建成了第二个千万吨油田——苏丹37区。同时，积极履行社会责任，开展公益事业，苏丹项目实现了跨越式发展。

在规模发展阶段，明确了扩大规模，输出国际化人才，实现CNPC利益最大化的目标。产量达到历史最高纪录2600万吨。业务范围扩展到红海区块。

在二次创业初始阶段，把坚持中方权益，维护和发展中苏

石油合作典范，巩固和深化中南石油合作作为核心战略，全力推动制约企业发展的资源、商务、债务等瓶颈问题解决，努力为"十三五"和二次创业稳健发展奠定基础。

情操

（2）坚守底线红线，成功应对系列重大危机。20年来，尼罗河公司经历了亚洲经济危机、国际金融风暴、苏丹与南苏丹分立、苏丹与南苏丹边界战争、油田周边武装冲突、国际油价断崖式下跌等一系列重大经济安保事件。面对危机，尼罗河公司党委沉着应对，战胜了挑战。1997年，面对亚洲经济危机带来的资金短缺，为保证苏丹124区项目建设投产，尼罗河公司发挥一体化优势，采取转移支付方式、多方筹款等措施，保证了重点项目建设在油价高企之前的顺利完工。2008年，国际金融危机导致国际油价下跌，苏丹政府借财政困难拖欠款项的实际，尼罗河公司同合作伙伴采取提取政府份额油的断然措施，维护了中国石油的利益。2011年，苏丹与南苏丹分立后，牵头外国合作伙伴，与南苏丹政府经过七轮艰苦谈判，最终签订了过渡协议（TA协议），将苏丹124区、苏丹37区的EPSA协议整体移植到南苏丹，维护了中国石油在南苏丹的发展基业。2012年，黑格里格战争期间及之后，在油田全面停产之时，协助非洲联盟推动南北和谈，尽快实现油田复产，再次保障了中方利益。2013年的"12·15"事件和2015年的"5·20"事件期间，中国石油人的坚守，不但维护了中方利益和油田资产，更赢得了合作伙伴和苏丹政府的信任。

（3）强化党建的主体作用，确保政令畅通，监管有力。坚持党的领导，坚持从严治企，切实发挥党建的主体作用，履行主体责任，公司改革发展和党委决策、参与、监督有机融合、有机协调、分权制衡。加强党委班子建设，党政一把手交叉任职，推进建立公司层面纪委、群团组织，配齐配强联合作业公司各项目党组织。健全完善《三重一大决策事项管理规定》《党委会议事规则》《党政班子联席会议制度》等基本制度31项。积极开展企业经营战略、党的建设、班子建设等重大问题的研究和决策，确保了队伍在思想上、政治上、行动上同党中央保持高度一致，中国石油天然气集团公司党组决策部署在本企业的贯彻执行。

2. 提高政治保障能力，发挥党委政治核心、党支部战斗堡垒和党员先锋模范作用

（1）围绕中心强核心。打造堪当重任、奋发有为的领导

班子，敢打硬仗、永站排头的员工队伍，是企业党委的重要任务。实践中，坚持把大庆精神、铁人精神与国际化运营管理有机融合，形成了"忠诚国家利益、恪守国际准则、追求专业专注、崇尚互利共赢"的国际化行为准则，使其成为尼罗河公司历届班子和全体干部员工的自觉行动和习惯。健全议事规则，严格民主集中制和业务分级有限授权制，始终科学做决策、廉洁办企业。以项目公司为生产经营主体，以全球视野、专业水平、担当精神为标准，高标准配齐配强专兼职党政班子，并全面提高其行为能力，提高各项目公司班子应对和驾驭复杂问题的能力，坚定带队伍抓管理求发展的信心。持续加强两级班子思想建设，着力加强"四好"班子、"四强"党组织和"四优"党员队伍建设，确保两级班子继承和发扬中国石油优良传统和作风，传承、丰富和发展大庆精神、铁人精神，保持政治坚定，坚守责任担当。

（2）围绕发展固堡垒。苏丹项目位于高风险国家，国际化程度高，中方人员仅占6%，人员极度分散。同时，自然环境、现场工作条件恶劣，马来热、疟疾、伤寒、霍乱等疾病流行，时刻威胁着员工的健康，甚至生命安全。为此，必须把工作做到最前沿，因地制宜，探索实践，形成"两同双百五化育人"党建模式。"两同"，即与项目开发同步设立党组织，同步配齐配强基层党组织领导班子。在本部机关设立企业文化部（纪检监察办公室），统筹协调党建和纪检监察工作。双"百"，即"三会一课制度"健全执行率100%，党员受教育率100%。"五化"，即以大庆精神、铁人精神为精髓，以奉献能源、创造和谐为核心，培育形成了为国争光、为中国石油争荣的爱国奉献文化，与资源国合作发展的互利共赢文化，与合作伙伴相互尊重的和谐融合文化，关注生命与健康的人本安全文化，关心海外员工及家属的温暖关爱文化等五种文化。在此基础上，"突出国际化、丰富国情化"，研究探索海外项目诚信文化、廉洁文化、基层文化，持续提高文化软实力。

（3）立足岗位育先锋。注重党员发展，为企业发展注入新鲜血液，上游项目党员比例占73%。重视党员队伍思想教育，积极营造比先进、找差距，学先进、争上游，赶先进、强素质，超先进、做标杆的良好氛围。广大员工胸怀保障祖国能源安全的大局，艰苦创业，赤诚奉献，无怨无悔，倾情付出，将个人价值实现与国家利益完美融合，铸就了苏丹项目的辉煌。20年来，尼罗河公司荣获国家科技进步一等奖、二等奖各一次，尼罗河公司被全国总工会授予"全国五一劳动奖状"荣誉称号；涌现出了全国劳动模范苏永地，全国五一劳动奖章获得者祝俊峰、常广发，中央企业劳动模范孙贤胜、刘英才，中央企业优秀共产党员王贵海，中国石油榜样徐志强、集团公司特等劳动模范王杰等一批业绩突出、功勋卓著、事迹感人的英模人物，尼罗河公司及所属项目荣获集团公司先进集体荣誉47次，直属机关（海外板块）级以上先进集体186次。

尼罗河公司荣获"全国五一劳动奖状"

3. 抓基层打基础，提高政治服务水准

注重对标国际同行、参照国际标准加强自身制度建设，全面推进风险管控制度体系建设，基本实现了全方位、全流程、全覆盖的企业管控，企业党建制度化、规范化、程序化标准逐年提高，为全面加强党建工作提供了制度保证。

（1）党建工作纳入项目管理。围绕参与决策、带头执行、有效监督，积极探索党组织发挥政治核心作用的有效途径。把党组织的机构设置、职责分工、工作任务纳入企业的管理体制、管理制度、工作规范之中，使党组织成为公司治理结构的有机组成部分，形成了党委抓、部门抓、项目公司抓，一级抓一级、层层抓落实的党建工作格局。发挥中方主动作用，强化联合作业公司顶层设计，在联合作业公司，设立管理委员会、招标委员会、人力资源委员会、预算委员会、健康安全委员会等决定

新党员入党宣誓和老党员重温入党誓词

公司的重大事项，并完善管理制度和工作流程，建立完整决策、监督与约束机制。强化联合作业公司关键领域和重点环节的管理管控，严格执行预算审批机制、决策执行双审制、联合作业管理、有限授权、程序管控以及资金及财务实施收支两条线管理和第三方审计，确保联合作业公司合规运作。

（2）加强制度建设。以"三重一大决策事项管理"为龙头，健全班子议事规则，完善工程建设、采办招投标、财务等重点领域的制度程序，强化监管和风险防控等各类制度31个，并严格执行制度，决不搞下不为例，坚决杜绝制度沦为"稻草人"，避免了"破窗效应"的发生。组建投资管理等专业委员会9个，组建各类技术攻关小组12个，围绕技术瓶颈和商务难题开展公关，为企业发展创造了巨大的经济效益。

（3）加强和改进思想政治工作。通过微信群、电子邮件、内部电视频道等平台，加强员工爱国主义、集体主义、形势任务、纪律法规和石油工业优良传统教育，引导员工积极践行社会主义核心价值观，永葆艰苦奋斗、赤诚奉献本色和干事创业激情。发挥群团组织桥梁纽带作用，通过举办摄影、征文、歌咏、演讲等活动，自办内刊《尼罗通讯》，利用节假日开展文体活动等，努力丰富员工业余文化生活，增强员工归属感。全面升级两个驻地有线电视和无线网络，做好驻地及前线后勤服务保障工作。注重人文关怀和心理疏导，维护海外员工身心健康，南苏丹中方员工马来热、疟疾等发病率大幅度降低。健全海外员工家属沟通联系和帮扶机制，持续开展送温暖活动，协助解决员工实际困难，企业凝聚力不断增强。

三、树立典型榜样引领队伍，推动"爱国奉献"文化教育

20 年创业发展，尼罗河公司注重典型培育，发挥典型的引领和示范作用，并一代一代传承接续、发扬光大，推动了中苏石油合作不同时期、不同阶段关键技术瓶颈解决和重大突发事件的妥善应对，彰显了中国精神、中国速度、中国制造，为中苏石油合作持续发展奠定了技术基础，提供了精神支撑。

"石油神探"苏永地，1997 年 7 月调入苏丹 124 区项目勘探部，从事勘探部署和井位设计工作。他在任项目副总地质师期间，立足岗位，勤奋工作，在项目的勘探和井位设计等方面做出了突出成绩，为 124 区项目建成的大油田提供了储量基础。苏丹 124 区项目成立之初，第一个任务就是在两个月时间

内完成尤尼提油田 126 平方千米的三维地震数据解释，并提供一批探井井位。在短时间内要掌握大量全新的石油地质资料，特别是依据采集于 20 世纪 80 年代初、品质差、126 平方千米的三维地震数据，完成精细构造图并提出井位，加拿大公司曾用半年多时间开展过研究，而没能完成解释和评价任务。苏永地等克服了常人难以想象的困难，日夜加班，逐条解释剖面，逐条分析资料，依靠多年在国内油田研究中积累的丰富经验，以及熟练掌握地震交互解释软件的优势，仅用一个多月时间就完成了三维地震数据解释工作，编制出了 5 层构造图。最终，由苏永地团队提出的 9 口预探井井口出油，成功率 100%，在短时间内发现了 6 个新油田，新增地质储量 40 亿桶，为建成年产千万吨级大油田奠定了资源基础。近 20 年来，苏永地踏实工作、刻苦钻研、不计名利、无私奉献，确定的预探井成功率超过 80%，高出世界平均水平，并一直遥遥领先于外方，彰显了中国石油技术人员的实力和风采。由于连续多年的突出贡献，苏永地相继获得"集团公司公司先进工作者""尼罗十佳""集团公司劳动模范"、国有资产监督管理委员会"中央企业劳动模范""全国劳动模范""中国石油科技楷模""2005 年中国十大科技英才"等荣誉称号。

王贵海来自铁人王进喜奋斗过的大庆油田，曾任苏丹 124 区项目千万吨级油田采油厂厂长。伴随国家"走出去"战略的实施，他把铁人精神带到海外，骨子里透着一股为国争光、为油奉献的"铁人气"，因此大家叫他"小铁人"。1999 年，中苏石油合作到了收获的关键季节，苏丹 124 区油田能否顺利投产，成为苏丹经济发展的分水岭。当时，离 124 区油田投产仅有两个月时间，中心处理站、3 个油田集输站、地面管网等工程正在紧张施工中，设备还没有完全到位，按时投产任务异常艰巨，外方投资伙伴甚至认为是天方夜谭。王贵海满怀信心，把这次考验作为到海外工作的第一场战斗，与同伴夜以继日地与时间展开赛跑。白天，头顶烈日，在地表温度超过 50℃ 的情况下，监督检查黑格里格油田等油井设备的安装、试运，熟悉转油站流程，查找工艺流程中的隐患点；晚上，在蚊虫叮咬中分析油井及站场的投产方案。经过精心准备，1999 年 6 月 22 日，黑格里格油田全面成功投产。同年 8 月 30 日，黑格里格至苏丹港输油管道胜利贯通，124 区原油装船出口，苏丹从多年的石油进口国一跃成为石油出口国，石油开始成为苏丹经济发展的催化剂。

尼罗河炼油项目员工刘向普从喀土穆炼厂开工试运行阶段起就参与其中，见证了炼厂的发展与辉煌，经历了中苏员工齐心协力排除一个又一个危险、保证炼厂安全运行的历史瞬间。2014 年开始，国际原油价格大幅下跌，尼罗河公司生产运营遇到了有史以来最为严重、决定生死存亡的挑战，苏丹经济也受到重挫，炼厂也面临着长周期运行未检修、资金短缺、设备配件受西方制裁老化严重等挑战。为确保装置安全运行，刘向普从管理角度出发，沟通相关部门成立了联合小组，对装置存在的隐患进行了全面排查，形成了评估报告，制订了解决方案和风险应对预案。制订实施了装置超期运行期间特别巡检线路，开展了每日一项安全主题活动并形成周循环，优化人员配置等举措。针对排查出的催化装置分馏塔塔顶冷后温度高这一典型装置运行末期突出安全隐患，提出 EC-2201/1-20 喷水系统改造方案，并从工艺操作方面入手进行机械处理，实现了塔顶温度平稳。通过一系列组合方案，历时一个月将分馏塔顶冷后温度控制在工艺安全要求的 42℃左右，消除了装置长周期运行风险瓶颈，实现了炼厂老厂部分安全运行延长半年的任务，为老厂部分 2015 年大检修赢得了时间，再次展示了中国石油的技术实力，赢得了苏丹政府和原油供应方的尊重。

2010 年 4 月，苏丹 37 区项目下游泵站承包商对 37 区联合作业公司提起国际仲裁，要求巨额赔偿。尼罗河公司组织法律部三位年轻律师走上国际法庭应对，与选聘的国际律所专家共同处理案件材料 20000 多份，并最终胜诉，其中中国石油获得权益约 1 亿美元。

2012 年 1 月 22 日，南苏丹与苏丹分立后，由于石油利益纷争，南苏丹石油部下令 37 区和 124 区油田 48 小时内全面停产，并派停产监督工作组以及荷枪实弹的士兵到油田现场强行关井。共产党员、南 37 区采油厂厂长王杰带领同事首次实现了石油史上 15 天内上千万吨级油田紧急关停纪录，最大限度保全了超 10 亿美元资产；在 2013 年的南 37 区油田复产过程中，面对现场无通信、无电力、无营地、无道路、无补给的"五无"情况，党员干部冲锋在前，比南苏丹政府预计的最快时间仍提前半年实现复产，创造了千万吨级油田最短时间内一次成功复产的世界奇迹。2013 年，南苏丹"12·15"武装冲突中，王杰带领以党员为主的中方 23 名员工坚守关键岗位，奋战一

线，保证了南苏丹 37 区主力油田在战火中傲然挺立。世界级
千万吨油田再次在王杰及所在队伍的奋斗和付出中得以保全，
维系了 98% 财政收入来源于石油的南苏丹经济发展的基础，
深化了中南友谊。南苏丹总统基尔说："患难见真情。"

全国优秀共产党员王杰（右四）与国际雇员在油田现场

　　20 年来，中国石油苏丹项目干部员工把个人的奋斗融入
中国石油海外业务的发展中，集中体现了伟大的民族精神和时
代精神，集中体现了社会主义核心价值体系的本质要求，用汗
水、智慧乃至生命，谱写了一曲曲爱国奉献的感人乐章，并推
动着中国石油苏丹项目的稳健前行，续写着"中苏合作的典范"
的辉煌篇章。

第十六章

温暖关爱文化

　　"以人为本、和谐发展"是中国石油苏丹项目温暖关爱文化的核心内涵，旨在通过关爱行动，体现出对员工的尊重、信任、开放和兼容。

　　苏丹项目员工工作生活自然环境异常艰苦，资源国政治环境、人文社会环境复杂。员工在推进业务发展的同时，也承受着工作繁重、生活单调、环境艰苦以及回国次数少、配偶子女及老人身处国内等现实困难，面临着环境、工作、家庭、生活等多种压力。20年来，尼罗河公司从员工职业生涯成长和价值实现、共同理想和艰苦创业追求、后顾之忧解决、关爱氛围营造等方面着手，持续加强关爱文化建设，丰富关爱文化内容，致力于海外员工后顾之忧的解除，积极营造凝心聚力求发展的良好氛围。

一、服务员工成长成才，建立人才培养体制机制

　　通过三个"注重"和三个"创新"不断完善人才评价制度和学习培训评价体系，营造良好的育人环境。三个"注重"，注重员工的全面发展，培养高素质人才；注重培养员工的创新精神，提高员工的创新能力；注重培养员工的个性潜质，完善员工的人格意识和创新意识。三个"创新"，创新人才培养目标，注重"以人为本"；创新培养内容和模式，制订合理的人

才培养课程体系；创新培训方法，突出创新能力的培养和员工个性的发展。

1. 帮助员工规划和设计职业生涯发展

重点培育员工的全球视野、专业水平和担当精神。尼罗河公司将员工职业生涯发展纳入公司未来中长期发展规划，通过年度任务计划逐步完成。专门制定了《尼罗河公司干部选拔任用管理办法》和《尼罗河公司后备干部选拔推荐管理办法》，并根据业务发展和队伍建设实际情况循序修订和完善。通过员工的职级、职位与资格、能力的合理匹配，逐步实现组织对员工职业成长、价值实现的考量。员工从进入公司开始，就要在人力资源部的安排和指导下，清晰设计自己今后的职业发展路线图，并与所在项目同步落实。积极为青年员工锻炼成才创造条件，搭建平台，历练成长。强化中层管理人才培养，推行"导师带徒"行动，建立中层岗位梯队接替次序。发挥中方主导作用，联合作业公司对外方员工尝试"影子"发展计划，对忠诚可靠的优秀的外籍员工逐步纳入管理层培养人选。

2. 建立举贤任能的干部选拔任用体制机制，营造重视人才的良好氛围

尼罗河公司在过去 20 年里始终秉承"能者上，庸者下"的举贤任能干部选拔任用机制，坚持把人才放在第一位，一切工作都围绕着"选才、育才、用才、留才"展开，打破年龄、职级和学历的限制，不遗余力，全方面打造公开、公平、公正的用人环境。联合作业模式，围绕专业水平、管理能力、外语

技能、防恐考核、抗压测试等选拔程序保证了人员素质；注重提高员工国际化水平，提高多元文化合作，增强员工包容性、团队意识、沟通能力，提高员工全球视野、专业素质、担当精神，加大项目管理、法律、商务、懂外语的国际化人才队伍，持续培养和造就一支跨国经营的国际化人才队伍。

3. 强化多层次培训，助推员工快速成长

建立了多方位、全覆盖的培训体系。对于专业技能，强化基础培训，并通过制度化的方式加以实施。创办了"尼罗大讲堂"特色培训，充分利用公司内部专家资源广泛开展内部培训，提高培训的灵活性、针对性、实效性。自2013年以来，累计授课50余期（次）。加大送出培训力度，选派85人次参加国内或国外技术学习、培训和交流。加大与苏丹（南苏丹）政府高层沟通，积极推动南苏丹与苏丹政府批复中方人员岗位。

员工培训

二、服务员工生产生活，解决员工后顾之忧

打造完善周到的后勤服务支持体系是确保海外员工安心工作的重要支撑。尼罗河公司在过去 20 年中，通过不断的摸索和完善，逐步建立了一套全面、高效的支持保障体系，确保了各项服务工作的及时到位。同时，在执行过程中聚焦员工关心的热点、难点、疑点和焦点问题，及时化解矛盾，解决后顾之忧，确保员工心无旁骛，排除家庭、生活琐事干扰，专心工作。

1. 建立完善后勤服务支持体系

尼罗河公司充分发挥中国石油上下游一体化优势，在苏丹和南苏丹，依靠中国石油华油集团下属的国际化综合服务公司阳光国际为喀土穆、朱巴、炼厂、苏丹 6 区和南苏丹 37 区油田现场的中方职工生活基地提供专业化的配餐和物业服务。在国内，利用中国石油海外勘探开发公司中亚公司的资源，提供员工出国手续、接送站、财务服务、基建维修、房补房产、物业管理、家属管理、综合支持等服务，最大限度地为海外员工和家属排忧解难。目前已经形成了以阳光国际、中亚公司、尼罗河公司综合办公室、尼罗河公司所属各项目行政部和尼罗河公司北京办公室等共同参与、协调配合的后勤支持体系，为海外员工队伍的稳定和项目的发展提供了坚实的后勤保障。

2. 切实解决员工关注的热点、难点问题

高标准选配驻项目中方医生，丰富药品，确保员工常见病及时救治。针对苏丹、南苏丹马来热多发，重症马来热死亡率高特点，加强防治知识培训。建立喀土穆—苏丹（南苏丹）周

边国家—中国重大疾病救护机制，与SOS建立长期合作机制，确保员工重大疾病能及时有效得到救治。对涉及员工工作关系调转、户口办理、职称晋升、子女入学等切身利益高度关注，持续跟踪。喀土穆炼厂坚持每年分寒、暑假两次，分别组织符合条件的员工家属短期反探亲，以此增进员工家属对项目工作环境的认知和了解，提升员工与员工家属的归属感、认同感。自2010年以来，上游项目共有20余人，下游项目共有150余人享受到了中方和联合作业公司的反探亲福利。加强与海外勘探开发公司联系，协调解决员工子女在京择校难、就学难的问题，员工子女均能按期进入海外勘探开发公司共建的中小学校就学。

3. 持续开展送温暖活动

坚持元旦（春节）和中秋节向中方员工家属发去慰问信机制，通报项目发展情况，慰问干部职工家属。建立送温暖机制，定期走访慰问家庭困难的干部员工。2015年，苏丹124区项目人事部苏方员工妻子得乳腺癌，因大额医疗费支出出现家庭生活困难，项目全体合作伙伴累计捐款5000美元，助其渡过难关；南苏丹项目当地雇员雅各布·杰寇2015年由于国内战乱影响，其妻子带着5个孩子背井离乡。新学年邻近，5个孩子的学费难以解决。为此，尼罗河公司组织中方员工对南苏丹员工雅各布·杰寇进行捐款，帮助其渡过难关，让孩子顺利入学。任职尼罗河综合办公室的哈桑，2015年其母亲去世后，中方管理人员第一时间赶到他家中帮助料理后事，陪他渡过最困难时期，亲如兄弟姐妹的亲情文化在中外员工中传递升华。

此外，每年苏丹斋节期间，尼罗河公司和联合作业公司管理层都要走访一线油田现场，送羊、牛奶、糖等食物并为一线员工举办各类庆祝活动。

三、营造关爱文化的和谐氛围

1. 开展"四访四服务"活动

尼罗河公司班子成员利用国内休假、基层调研、协调组会议、生产经营等专业会议时间，进行访总部机关、访一线员工、访工程技术服务和工程建设单位、访项目公司与机关部门员工意见的"四访四服务"，倾听各级、各单位对公司国际化业务发展、服务基层、服务员工等意见建议。

2. 畅通沟通渠道

尼罗河公司班子成员按照党建责任区，坚持定期与员工谈心谈话，听取和掌握员工内心深处的呼声、深层次的想法，对涉及员工利益的事情及时反馈处理。坚持执行员工座谈制度，不定期开展员工及家属恳谈会，多层次、多渠道、多角度了解掌握员工的思想动态，听取对生活保障、后勤管理、文娱活动等方面的意见建议。

3. 举办特色活动

在国内元旦、春节、劳动节、端午节、中秋节、国庆节等节日期间，举办主题鲜明、弘扬新风正气的联欢晚会、电影晚会、摄影征文比赛等形式多样的集体活动，凝聚人心、鼓舞力量。充分利用资源国开斋节、宰牲节等假期，组织开展中外趣味运动会、篮球比赛和职工运动会，沟通友谊，增进交流。创

生日晚会

办了内部刊物《尼罗通讯》，集中反映项目的生产、生活，描述员工的事迹、情感，介绍当地的风土、人情等，凝心聚力促发展。引入心理扶助计划（EAP），邀请心理专家赴喀土穆、下游炼厂以及南苏丹项目，现场为员工进行一对一心理健康咨询，开展心理疏导。

第十七章
合作共赢文化

　　自中苏石油合作以来，中国石油坚持"互利双赢、合作发展"的原则，切实遵守所在国的法律法规，充分尊重当地文化与风俗礼仪，与当地政府、人民保持密切沟通合作，积极推进员工本土化，以油气产业的发展带动资源国经济的发展，油气合作成为增进中国与苏丹、南苏丹友谊的桥梁和纽带。

一、以尊重为根，打造互利共赢的文化氛围

　　尊重和信任，是跨国经营中需要恪守的基本行为准则。中国企业要"国际化"，也一定要"本土化"，遵循国际规则，融入当地文化，做当地的企业。

1. 尊重资源国法律法规

　　"尊重、开放、兼容"是国有企业"走出去"所必须具备的软实力。中国石油走出国门，首先就要把自己当成世界公民，融入当地，严格执行资源国法律法规，依法开展生产经营活动。多年来，尼罗河公司重视加强中方员工遵纪守法教育，认真组织员工学习了解与项目生产经营苏丹相关的各种法律法规，及时掌握最新政策和法律动态，提高员工的法律意识和合同意识，并在生产经营过程中，切实把这种理念贯彻到行为实践当中。

2. 尊重不同的文化与价值

　　强调尊重人，尊重当地的文化和风俗习惯，尊重他们的

思维习惯和思维方式，尊重他们的价值观念，同时也尊重他们原有的优秀管理经验和合理的制度规范，使具有不同文化背景的员工彼此理解和信任，相互欣赏和学习。在日常工作与生活中，中国石油苏丹项目员工发自内心地与当地人交朋友，真诚对待苏丹、南苏丹的人民，当地人也愿意与中国石油人交朋友，中方员工以实际行动融入当地的文化之中。为方便苏丹员工做礼拜，尼罗河公司及所属项目公司都有祷告室和祷告区域。召开会议，尽量避开礼拜时间。每年的宰牲节和开斋节等重要节日，中方员工都自发与当地人民共同庆祝。Sadig（朋友）、Damum（您好）已经成为当地人向中国人打招呼的习惯用语。

3. 推进员工本地化进程

"国际化"是前提，"本土化"是基础。尼罗河公司及所属项目公司把加强对当地雇员的培训，作为搞好技术传递促进员工本地化的抓手，也作为融合文化工作的重要一环。自1998年至今，苏丹项目已累计培训苏丹各类人员万余人次，124区、37区和6区三大上游项目，当地员工已占到员工总数的92%。很多当地雇员经过培训，已成长为项目公司的业务骨干和技术骨干，在不同岗位上发挥着越来越重要的作用。喀土穆炼油项目从建厂伊始，就按照由当地人最终管理运营的目标进行人才培养和规划，经过十多年的努力，炼厂基本实现了苏丹当地员工的自主管理，大批当地员工成为炼厂的骨干。特别是在苏丹当地人眼中，能够成为喀土穆炼厂的雇员是一种极高的荣誉，备受尊重，这也使得更多的当地员工愿意加入这个企业，并通过努力实现自己的人生目标。

二、以互利为源，助推苏丹经济社会发展

苏丹曾经是联合国宣布的世界最不发达国家之一，经济结构单一，基础薄弱，工业落后，对自然环境及外援依赖性强。20 年来，通过中苏油气合作，苏丹加快工业现代化进程，实现自主可持续发展。石油工业成为苏丹经济发展的领头羊，为苏丹近年来的发展"奇迹"打下了坚实基础。

时任中国驻苏丹大使李成文表示，苏丹基础设施的改善和人民生活水平的提高，主要得益于多年来以石油工业为主推动的苏丹经济迅速发展。在 21 世纪第一个 10 年，随着石油大量出口及借助高油价的拉动，苏丹经济保持快速增长，GDP 增速连续多年保持在 8% 以上，2007 年经济增长率高达 13%，经济繁荣、社会稳定，综合国力显著提升，人民生活水平不断改善，成为非洲经济发展最快的国家之一，为发展中国家树立了利用自有资源发展工业、推动经济高速增长的样板，成为一个真正的非洲穷国依靠自身资源脱贫的奇迹。

当时的创业者们这样记载：除了水上交通便利之外，这里只有尘土飞扬路和草坯房，水电供应不全，高温酷暑，蚊虫肆虐，热带病流行，武装冲突不断……20 年来，在石油工业发展的带动下，苏丹已经从一个几乎没有任何现代工业的贫穷国家，成长为一个工业迅猛发展的发展中国家，社会经济与人民生活发生了翻天覆地的变化。

据苏丹项目当地员工回忆："中苏石油合作之前，马路上很少有汽车。一到晚上，整个喀土穆一片漆黑。平日想买一些柴油、汽油都要'批条子'。"近年来，苏丹交通运输业飞速

发展，电力逐渐普及，农业开始现代化，工业迅速崛起，随之而来的是就业增长和民族自信心提升，人民的生活水平明显得到改善和提高，2000 年之前还习惯用木炭做饭的苏丹老百姓，现在用上了液化气，苏丹从农牧文明向工业文明快步迈进。

目前的苏丹，给人最直接的观感就是：尼罗河畔的这座城市到处都呈现出正在成长的、充满活力的景象。高楼大厦不属于喀土穆的城建风格，但很多两三层的阿拉伯式楼房显然是这几年新建的，大大小小的建设工地表明，还会有更多的新建筑诞生。在马路上穿梭飞驰的车流中有大量的新车，多数是日本车、韩国车，还有韩国现代公司在苏丹独资生产的"GIAD"牌轿车。在喀土穆拥有一家贸易和运输公司的阿里表示："你看到的这些，城市在一天天变新，人们的钱逐渐多起来，其实主要是石油的功劳，而中国对苏丹人的帮助最大。"

苏丹首都喀土穆新貌

在苏丹生活工作时间较长的中国人，对喀土穆和苏丹其他一些地方的变化有更加深刻的感受。在北喀土穆经营农场多年的范传钊说："我刚到苏丹的那几年，喀土穆街上车很少，老百姓根本不知道什么是堵车，但现在买车的人越来越多，一些路口也经常出现拥堵了。"在一家中国公司开车的杨师傅说："以前，就连到中国大使馆门口的那条路都是颠簸不平的一条小土路，现在，喀土穆的大小街道都修成柏油路了。苏丹有个说法叫'道路黑色化'，不光是首都，很多公路干道都铺上柏油了。"

喀土穆晨曦

10多年前，位于喀土穆以北70多千米的杰伊利地区还是一片戈壁荒滩，如今却成了苏丹的发展典范，一座完全以中国标准建设起来的大型炼厂、一个发电厂、一个生产编织袋和塑料的化工厂在这里拔地而起，中国石油把包括炼油工业中最核心的催化剂等技术都教给了苏丹，炼厂每个岗位都有苏丹员工，厂里的苏丹员工是中国员工的2倍。目前，苏丹人生活中做饭、发电、开汽车、坐飞机等所需的成品油、液化气都来自这个炼厂。

花园厂区——喀土穆炼厂

聚丙烯是一种应用广泛、质量等级较高的生产原料,以其为原料制作的桌椅等家具,相比玻璃、钢化和实木等材质家具,可塑性强,成本低廉;以聚丙烯为原料生产的盆、桶、缸等容器,使用轻便,经久耐用。之前,苏丹聚丙烯利用几乎为零,诸如塑料编织袋等基础性塑料制品全部依赖进口,手续繁复,周期漫长。喀土穆化工有限公司聚丙烯装置的投运,填补了苏丹化工工业的空白,其生产的拉丝级和注塑级聚丙烯以及各种规格的塑料编织袋产品,严格执行产业和国家标准,质量上乘,品质优良,满足了苏丹境内对质量要求较高的食品级企业的需求,降低了当地民众的生活成本,提高了苏丹人民的生活质量。同时,通过向农产品出口提供高质量的包装袋,维护了苏丹出口农产品的高质量形象。截至2015年底,喀土穆化工有限公司累计向当地市场销售聚丙烯23.34万吨,塑料编织袋1.23亿条。

聚丙烯在市场的投放，催生了一大批苏丹民族制塑企业，带动了当地产业与经济发展。2002—2015 年，苏丹以聚丙烯为原料的塑料加工企业由从无到有，现今已发展到 150 余家的规模，塑料聚丙烯年需求量达 3 万吨以上。

三、以共赢为本，中苏中南石油合作行稳致远

中国石油在苏丹、南苏丹的油气合作不同于西方石油公司。中苏中南油气合作既注重当前利益，更考虑长远利益；既注重商业利益，更看重整体利益。这种居于商业合作基础，又注重真诚友好、合作共赢、共同发展的合作模式，助推了双方互信与互助的伙伴型合作关系，为继续深化中苏中南油气合作奠定了基础。

1. 中国石油和苏丹构建了互信、互助的战略合作关系

20 年精诚合作，中国石油帮助苏丹建立了一套集油气勘探、开发、生产、管道、炼油化工和销售于一体的完整的石油产业链和工业体系，帮助苏丹石油工业实现了跨越式发展，也使苏丹和南苏丹成为北非和中非重要的油气生产国，实现了原油自给自足和出口，为苏丹经济社会发展做出了巨大贡献。中苏油气合作已经成为中苏合作的成功典范和中苏友谊的重要标志，并成为中苏合作的重点领域和推动两国务实合作的重要动力。2015 年 9 月 1 日，中国与苏丹签署关于建立战略伙伴关系的联合声明，并将石油合作作为未来发展的重点领域和重要内容，两国协定将继续深化两国在石油领域的合作，支持两国企业在石油增产、油气资源勘探开发、炼油化工等领域进一步

开展合作。

2. 中国石油和南苏丹石油合作历经战火硝烟和低油价洗礼，奠定了互信、互助的战略合作基础

2011 年 7 月 9 日，南苏丹与苏丹分立后，中国石油正式进入南苏丹，并于 2012 年 1 月 13 日与南苏丹政府签订了《中南石油合作过渡协议》，拉开中南石油合作序幕。4 年多的时间里，中南石油合作历经 2012 年 4 月南苏丹与苏丹黑格里格战争和 2013 年"12·15"、2015 年"5·20"南苏丹内部武装冲突，中国石油以负责任国际能源公司形象坚守责任担当，真诚合作，与南苏丹政府和人民患难与共、同克时艰，为中南石油长期合作奠定了互信、互助基础。成功处置和规避自 2011 年以来，南苏丹项目停产、复产和南 124 区项目全面停产期间安全环保风险，确保了油田资产安全，保住南苏丹经济社会发展的基业。受邀参与非洲联盟组织的两苏石油利益分配谈判，积极推动和促进两苏关于石油利益分配尽早达成一致。强化科技支撑，开展《南苏丹 37 区 Palogue 油田大型边底水高凝油油藏经济高效开发技术示范工程》和《南苏丹 37 区高凝油油藏高效开发技术》研究推广和实施，促进了南苏丹 37 区项目稳产上产和长期稳定的发展。克服国际油价低位运行影响，强力推动和艰难实施 Paloch-FPF 脱瓶颈工程、Melut 水处理站项目强化注水管网建设，实施产出水治理工作，一批影响和制约油田持续发展的关键工程得以完成。关注民生发展，实施 Melut 镇电网工程、Melut 镇中学建设等社区发展项目及其他公益事业，履行投资企业社会责任。自 2014 年以来，尼

罗河公司从战略合作的长远角度出发，针对国际油价的大幅下跌给南苏丹政府带来了巨大的经济冲击，大力实施低成本战略，多措并举，与南苏丹政府和人民一道抱团取暖，共渡难关，有效帮助政府缓解财政压力。2015 年，主导达尔油贴水价格控制和规律研究，影响和带动南苏丹政府份额油贴水向好的方向发展，帮助南苏丹政府实现增收。艰难困苦、玉汝于成，中国石油真诚、负责、包容、开放的国际化经营理念取得了南苏丹政府的信任和支持，互信互助合作关系更加巩固，2013—2015 年，南苏丹政府与中国石油陆续签订了 1B 和 3D 开发区块延期，1A 和 4S 勘探期延期及 1 B 和 3 D 区块延期的批复，巩固、发展和深化了中南石油合作。

第十八章
和谐融合文化

　　20 年来，中国石油致力于将中华民族文化与资源国文化和合作伙伴企业文化相融合，积极倡导和构建更具本企业特色、为中外方员工一致认同的"和谐融合文化"，形成了中外合作企业和员工共同认可的共同企业信仰、经营理念和共同价值观，较好地促进了资源国和合作伙伴的文化融合、感情融合，促进了联合作业公司的管理融合、技术融合，促进了项目与资源国经济社会的和谐发展。

一、"诚实守信、平等互信"，民族精神的最大公约数成就"中苏合作的典范"

　　任何一个企业都带有国家和民族的优良基因。20 年来，中国石油在苏丹开展油气合作，始终坚持诚实守信，用业绩证明实力，用成果兑现诺言。苏丹政府各职能部门也始终与中国石油相互理解、相互支持，努力维护中苏石油合作大局，共同铸就了"中苏合作的典范"的实践结晶。

1. 中苏传统友谊为中苏石油合作奠定了基础

　　20 世纪 90 年代之前，苏丹虽有石油发现，但由于缺乏资金和技术，无法依靠自己的力量发展石油工业。几十年来，苏丹石油消费仍依赖进口，每年石油消费进口额数亿美元，占其外汇收入的近 30%。寻找合作伙伴，共同开发石油资源成为苏丹经济发展中优先考虑的战略目标。苏丹政府和人民把目光投向了东方，想到了与其有着悠久历史渊源的中国朋友。1995年9月，在中苏两国政府和两国领导人的推动下，中国石油做出进入苏丹石油市场的决策，揭开了中苏石油合作的新篇章。

2. 坚持诚实守信，中国石油用业绩证明实力，用成果兑现诺言

苏丹的社会依托差，自然条件恶劣。面对困难和苏丹政府的殷切期待，中国石油从进入苏丹第一天起，就一直发扬中华民族自强不息的伟大民族精神以及艰苦创业的优良传统和作风，顽强拼搏、攻坚克难，实现了对苏丹政府和人民的最大承诺。在项目建设期，中国石油施工人员，面对苏丹恶劣的自然环境和紧张的工期，发扬了"有条件要上，没有条件创造条件也要上"的铁人精神，以向生命极限挑战的顽强毅力，充分展示了中国石油钢铁之师的风采，仅用一年的时间就建成了124区千万吨级大油田，在世界油田建设史上创造了奇迹；仅用11个月的时间就完成了横穿苏丹南北1506千米的输油管道，建设速度和质量当时都堪称"非洲第一"；不到两年的时间，建成了苏丹境内第一个现代化炼厂——喀土穆炼厂。

3. 苏丹政府在税收、安保等方面给予了中国石油等投资企业充分支持和帮助

中苏石油合作之初，苏丹政府就在税收方面给予了充分的支持。苏丹124区EPSA协议，明确全额免除伙伴企业所得税和个人所得税，为作业期初的局面打开提供了良好的经营环境。此后，苏丹37区、苏丹6区项目的企业所得税也全额免除。

在此基础上，苏丹政府明确规定，为石油项目提供的材料免关税，鼓励承包商提供相关实用的原油生产和作业材料。苏丹宗族多，部落冲突、政府与反政府武装频繁，为保证中苏石油合作的顺利开展，确保油区员工生命安全，苏丹政府根据不同区域的风险等级在现场派驻武装士兵，执行营地、作业场所及人员出行的安保护卫工作；在油区的关键路段设置武装检查哨卡；定期发布安保风险预警信息。2015年，在苏丹6区和124区项目油区外围挖掘壕沟，防止外部武装及不法分子对油区实施攻击。

二、"志同道和、真诚合作"，保障合作共赢共同发展

中苏石油合作项目均为合资项目，经营主体为联合作业公司，经营方式是联合作业。在多方合作中，中国石油和各合作方相互理解、真诚合作，实现共同利益、谋求共同发展。

1. 注重"分"：划分权力，分担责任，分享优势

联合作业强调利益平衡、互相监督。简化组织机构设计，从纵向上分为四个管理层，即总裁和副总裁、大部总经理、部门经理、分部经理和业务主管。重要岗位权利分配按照投资伙伴的参股比例设置，保证了利益平衡，促进了各投资伙伴精英人才的使用。其他岗位人员实行交叉任职，原则上要求不同岗位的上级和下级不得来自同一个投资伙伴，以便于监督制衡。实行分级授权管理制度，实现各级管理人员权限分明、责任明确，保证了工作效率。按照国际标准建立和健全人事、财务、采办、HSSE以及油田作业管理体系。同时，充分发挥各投资

伙伴拥有的成熟技术、国际项目管理运作经验、管控能力和风险识别能力强优势，实现互助和分享，保障了项目持续发展。

2. 注重"合"：利益相合，作业联合，真诚合作

在苏丹项目运作过程中，联合作业各方优势互补，即中国石油发挥投资与技术优势，资源国发挥资源优势，合作伙伴发挥国际化管理优势，从而形成了牢固的利益共同体。在 37 区项目开始之初，面对苏丹基础设施薄弱、法律法规不健全、作业区安全无保障、环境恶劣、疾病肆掠、当地员工综合素质较差等诸多不利因素，各合作方相互支持，发挥各自优势，以共同的信念和目标追求，肝胆相照、同舟共济。尼罗河公司成立上产支持小组，在油藏、地面工程等方面提供技术支持。马来西亚石油公司发挥国际化油气合作经验丰富的优势，积极推动联合作业公司建立较为完善的组织机构、决策机制及各项合规管理程序；苏丹政府面对严峻的安全形势，加强对施工作业的武装保卫。共同努力实现了苏丹 37 千万吨油田快速成长，先后发现了 Palogue 世界级大油田、Moleeta 亿吨级油田和 Gumry 油田，使得储量规模迅速扩大，并创造了亿吨级油田 Palogue 在短短 3 年时间从发现到评价，再到投产的三级跳，同时项目产量规模在投产后第二年即实现千万吨。

3. 注重"融"：工作相融，文化相融，人员相融

"以和为贵，和而不同"，联合作业以团结进步、和平宽容为方向，致力于不同文化相融相生。中国石油在与投资伙伴的合作中，本着尊重合作准则、平等互利、相互尊重、相互信

任的原则，在严格执行合作协议的同时，各合作方在合作中相互学习、取长补短，持续推动国际合作向更深、更广领域发展。中国石油员工自觉牢固树立大局观念，主动加强与联合作业公司其他员工的合作。合作之初，利用每天的生产例会，加强各方沟通交流，共同精心策划和准备下一步工作，促进各部门负责人之间建立良好的交流渠道，确保了各项生产任务有条不紊地推进，为后期合作打下了良好的信任基础。持续创新和不断完善充满活力的创新管理理念，加大员工培训力度，注重提高员工整体素质和专业能力，全力打造联合作业队伍的凝聚力和敬业精神。

三、"义利相兼，以义为先"，履行投资企业社会责任

中苏关系最大的"义"，就是助力苏丹的发展，最终实现互利共赢、共同发展。20 年来，中国石油苏丹项目自觉担起传承中苏传统友谊、发展中南友谊的责任，在严格按照国际石油市场规则和惯例开展石油合作的同时，充分尊重苏丹、南苏丹的政治制度和政策、法律、宗教、文化和社会风俗习惯，积极履行社会责任，有计划、有针对性地开展社会公益活动，累计投入 1.2 亿美元支援苏丹、南苏丹发展农业、教育、文化、医疗与基础设施建设，积极参与公益慈善活动，受益人超过200 万。尼罗河公司两次代表中国石油在联合国契约组织大会上发表《CNPC 履行社会责任情况报告》，树立了中国石油负责任国际能源公司的良好形象，为中国石油在国际舞台上赢得了广泛尊重。

应急反应能力和水平。反恐演习为未来应对可能发生的危及员工人身安全和社会安全事件做好充分准备。

2016年南苏丹"7·8"武装冲突中向地下掩体撤离

3. 提高员工健康安全意识

在保障员工健康方面，尼罗河公司实施了职业卫生风险控制、疾病预防和应急救治的健康安全保障计划，实行现场医生共享、药品共享、资讯共享，建立了医疗档案、医生巡检、预防药品发放和医生巡检制度。按照中国石油天然气集团公司和海外勘探开发公司职业卫生保障措施要求，遵循"三同时"原则，对南苏丹与苏丹公司驻地和作业场所各种有害员工的健康因素进行了评估复审，规范工作环境和发放劳动防护用品，同时对员工强制性实施年度健康体检，开展员工心理咨询行动，建立和完善员工健康档案制度。针对两苏地区马来热、疟疾高发，制定并发布了《马来热自我诊断的要点及注意事项》《营地疟疾预防措施》等手册供员工学习；定期开展热带病及常见慢性病知识讲座；每月发布《健康简报》，并编制个人疾病预防"52 字顺口溜"，方便员工熟记安全知识要点：

穿长衣，带口罩，出门携带消毒液；

勤洗手，吃熟食，避开人群密集处；

不乱摸，少握手，谈话距离超一米；

多休息，勿着凉，如有发热早汇报。

通过这种口诀、歌谣等文化载体的宣贯，大家更容易记住这些安全健康常识，在日常生活中也能逐渐内化于心，外化于行，进一步提升了个人安全意识。

二、精心培育，固化并践行全新的安全文化理念

20 年来，尼罗河公司积极学习国际同行的先进安全管理理念和做法，引进国际石油化工行业通用的 HSE 管理体系，并将其与大庆精神、铁人精神、"三老四严""四个一样""岗位责任制"等中国石油特色典型经验相结合，逐步形成了具有时代特征和企业特色的安全文化理念。

1. 丰富安全文化内涵

为更好地释放全体员工与家属的内在激情与活力，尼罗河公司始终坚持在中国石油驻苏丹单位开展 HSSE 警言警句（中英文）征集活动，累计征集警言警句、誓言承诺、警示海报、事故案例分析近 5000 篇（条、例）。"An ounce of prevention is worth a pound of cure（预防胜于补救）""Safety is Gold, Watch Every Step（平安是金，步步小心）""Safety Roots in Circumspection（多看一眼，

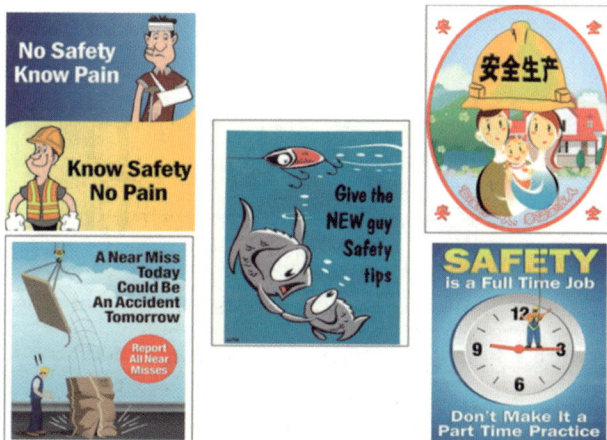

尼罗河公司安全漫画类 HSE 宣传海报

安全保险）"等警句简洁易记、含义深刻，还翻译为当地通行的阿拉伯语，既尊重了当地风俗，又突出了国际惯例；既体现了岗位特点，又兼顾了风险因素，成为公司安全理念文化的一个缩影，时刻提醒广大员工筑牢安全防线，确保安全生产"可控、在控、能控"，安全"零容忍"、环保"严监管"已成为干部员工和企业行为的常态。在此基础上，总结提炼形成了"五大安全理念"，即：以"以人为本抓安全"的"人本观"，"一切事故都是可以控制和避免的""预防观"，"安全源于责任心、源于设计、源于质量、源于防范"的"责任观"，"安全是最大的节约、事故是最大的浪费"的"价值观"，以及"一人安全，全家幸福"的"亲情观"。

2. 践行安全理念

针对两苏安保风险高的实际情况，尼罗河公司将安全理念的实践贯穿业务发展全过程，并注重加强与两苏内政部、能矿部等有关政府机构联系，最大限度争取政府支持，不断加强现场武装保护。同时，积极主动与中国驻两苏大使馆沟通，互通情况，协同运作。同时，在工作生活区域安装视频监控报警系统，建立应急避难所，实施高筑墙、铁丝网、深挖沟、固门窗等一系列保障措施，不断提升物防和技防水平，提升安保预警预控能力。苏丹6区项目位于苏丹南科尔多凡州福拉地区，西邻达尔富尔，南接阿贝伊地区，油区内主要是以游牧为主的米塞利亚部落，油区内各部落枪支泛滥，部落冲突持续不断，各类恶性安保事件频发，且6区中资服务企业较为集中。在如此恶劣的社会环境下，为确保油田安全生产和员工人身安全，利用废旧材料研制了成本低廉、安装方便、效果明显的移动式井场防弹墙，建立并严格实施针对油田人员作业和流动的PTM制度，核心生产区域无缝视频监控以及配备重型武装巡逻等全方位、高标准强化油田现场"三防"建设，为油田安全平稳生产保驾护航。6区项目还借鉴国际经验，开发安保评估软件，设置定量风险评估程序运作模型，结合现场人员及作业场站分布、各类安保事件详细信息、资源国对所评估地区安保风险定级等关键信息录入，实时动态有效分析评估苏丹6区项目东西部所属30个作业细分区域安保风险。根据评估结果，及时调整安保防范措施，提高了社会安全防范能力。

南苏丹为联合国宣布的最高风险地区，针对复杂多变的政治安全局势和极差的社会安全状况，尼罗河公司坚持红线、守住底线，全面践行"以人为本"的安全理念，以良好的安全业绩保障了中南石油合作的新发展。建立四级预警机制，靠实应急资源，升级细化社会安全突发事件应急预案，社会安全和应急管理实现常态化管理。明确了两级决策、四级负责的应急组织机构，推动联合作业公司应急组织机构进一步完善，并实现南苏丹协调组与联合作业公司应急工作体系指令系统、信息预警系统、对接应急资源的无缝对接。加大中方朱巴基地安保防范能力，基地公寓楼安装防弹钢板，提高楼屋顶防护能力，加强基地出入口控制，实施夜间灯火控制，并实施武装保安护卫。加强后勤管理，疟疾等热带传染病得到有效控制。

3. 严格安全管理

尼罗河公司及项目单位结合业务特点，建立有感直线HSE管理组织机构，实行项目公司和作业现场二级HSE管理联动机制。按照"谁主管，谁负责"和相互"监督与配合"的原则，各级行政与生产经营活动组织者、执行者须对自身业务范畴内的HSE工作绩效与责任负责；HSE职能部门行使独立的监督权，直接向公司总经理负责，对公司运作及重大工程建设项目履行过程监督职责，实行安全生产"一票否决"制。建立了针对南苏丹与苏丹地缘政治安全环境构建的防恐安全决策机制、预案启动机制和应急保障救援机制，实行统一指挥、资源共享、联防联动。坚持做好项目启动HSE风险评估和源头控制，坚持日常生产运行HSE风险检查与动态报告制度，对发现的问题隐患，按照程序进行风险等级界定与措施落实跟踪机制，将HSE风险削减到可控状态。实行动态风险评估，结合人员、设备等变更，及时检查出风险，并跟踪整改。尼罗河公司历届领导班子以身作则，身体力行，深入落实"有感领导"理念，坚持至少每个季度到油田现场开展一次 HSE 检查和宣传教育活动。各项目管理层成员，根据生产作业的侧重点，每月组织有关部门赴油田现场开展安全检查和工作协调，适时做好安全经验分享，不断提升日常安全生产管理的指导执行力、监督约束力、协调保障力。针对南苏丹与苏丹分立后社会安全形势，聘任专职安保顾问，推动团队防恐安全技能与应急反应能力提升。

安全生产和社会安全责任体系完善及落实情况

生产作业受控管理和作业许可制度落实情况

规章制度和操作流程落实情况

隐患排查治理制度建立及落实情况

8项主要检查要点

风险分级防控实施情况

事故教训汲取和整改措施落实情况

承包商安全监管制度建立及落实情况

安全生产和社会安全应急保障措施落实情况

尼罗河公司安全检查要点

三、整体联动，创建有效的"一体化"安全文化机制

尼罗河公司代表中国石油天然气集团公司对中国石油在苏

丹、南苏丹石油合作项目实施统一管理和运作过程中，积极推进"一体化"进程，特别是在安全文化构建上，更是与工程技术、工程服务和后勤保障单位休戚与共，合力保安全谋发展。安全工作中国石油苏丹地区协调组月例会，各单位 HSE 管理人员周例会，有效沟通各单位中的良好做法，对于存在的问题，共同研究完善和改进提高。联合开展半年度 HSSE 大检查模式，并将联检发现、日常工作开展情况作为各单位 HSSE 绩效考核的重要依据，推动了 HSSE 计划、检查、监督和整改闭环管理，大大降低了事故发生可能性，促进了 HSSE 绩效的持续提升。以尼罗河公司为主体，完善应急管理机构，扩展安保信息收集渠道，提高评估预警能力，升级完善应急预案，落实应急资源，强化应急培训和演练，持续优化应急管理，逐步形成了常态规范、高效可行的应急管理体系。

20 年的探索实践，尼罗河公司在实践中形成的爱国奉献、温暖关爱、和谐融合、合作共赢以及人本安全"五种文化"，是大庆精神、铁人精神在苏丹项目的延展和创新，是在中苏两国文化的不断融合中形成的优秀企业文化，既有中国石油企业文化的优良传统基础，又吸收了国际多种优秀文化元素，为中国石油优良传统文化赋予了新的内涵。通过全面开展具有时代气息、积极健康、各具特色的海外文化建设，员工队伍的凝聚力、向心力得到极大提升，企业科学发展、和谐发展、可持续发展的基础更加坚实，也极大地促进了尼罗河公司国际竞争实力的全面提升。

后记

中苏石油合作为中国石油"走出去"打开了一扇窗。

中苏石油合作经过 20 年的探索实践，历经艰辛，成就显著。通过石油合作，中苏互利共赢、播种梦想，为苏丹（南苏丹）经济社会发展做出了巨大贡献，升华了中苏两国的传统友好友谊，同时为中国石油的国际化战略实施积累了丰富经验，提升了中国石油国际化运营能力和水平，在保障国家能源安全方面做出了突出贡献。

《中国石油苏丹项目 20 年管理模式探索与实践》，从发展之路、竞争之本、管理之道、防控之策、文化之魂五个角度，较为客观和全面地总结和梳理了苏丹项目 20 年发展的脉络；真实还原了在国际油气合作过程中经历的艰难、困苦和挑战；全面展现了中国石油在"走出去"过程中通过不断探索、实践，最终建立起一套符合中国企业特点的国际化运营管理体制、机制和运作模式。

由于历史跨度 20 年，本书素材收集整理时间较长。加之编者均是由工作在中苏油气合作一线的人员兼任，总结提炼难免有失精准，采用事例不一定完全复原当时状况，文字也确有青涩之处，不足之处敬请读者谅解。

在本书定稿过程中，中国石油天然气集团公司办公厅、海外勘探开发公司、原工作在苏丹的部分老同志，从不同角度对本书的体例、内容提出了宝贵的修改意见。相关编审人员为本书的章节调整、内容把关、文字润色，付出了大量心血。

在本书即将付梓之际，对上述为本书成稿并顺利出版给予关心和帮助的相关单位和同志，表示诚挚谢意！向一直关心支持和帮助苏丹项目发展的各有关单位以及中国石油驻苏丹项目的各工程技术、工程服务、后勤保障单位表示真诚敬意！向为中苏石油合作事业发展长眠在苏丹沃土的战友们表示深切的缅怀！

不忘初心，继续前进。展望未来，在中苏两国建立战略合作关系的大环境下，借助国家"一带一路"战略的深入推进，中国石油苏丹项目一定会继续弘扬以大庆精神、铁人精神为代表的"石油精神"，不断丰富、完善中国石油国际化经营经验，积极应对油气行业新形势的挑战，大胆探索，勇于实践，以崭新的思维、创新的精神，推动二次创业新发展，为中国石油、为海外业务优质高效可持续发展，为中国石油天然气集团公司全面建成世界一流的综合性能源公司做出新的更大的贡献！

编写组

2015 年 12 月

2014 年尼罗河公司与南苏丹教育科技部签署教科书捐赠协议

1. 加强对基础设施建设和民生工程的投入

2004 年，尼罗河公司一次向苏丹政府捐资 1000 万美元，建造了马拉维友谊大桥。修建多处道路、桥梁、水利设施。援建维修医院、诊所 76 所，打水井 400 多口。

2. 实施人才培训计划

2006 年、2010 年和 2013 年，尼罗河公司先后与苏丹石油部签订了 3 期石油人才培训协议。截至 2015 年底，尼罗河公司共为苏丹石油部提供 300 万美元 176 人次短期培训（20 天），资助多人获得中国石油大学硕士学位。

3. 实施人道主义危机援助

2008 年，尼罗河公司捐赠 160 万美元，在南苏丹建设 3 号朱巴平民保护所（POC3）。2013 年 12 月，南苏丹爆发武装冲突，为缓解南苏丹严重的人道主义危机，应联合国南苏丹

任务区和南苏丹政府请求，2014 年尼罗河公司捐资 160 万美元，
建设了 60 万平方米的朱巴平民保护所。该项目的投入使用，
容纳了超过 2 万名无家可归的难民，极大缓解了联合国朱巴营
地容量不足的压力，同时也加深了中国石油与南苏丹政府和国
际组织的良好合作关系。

4. 全面推行绿色生产

喀土穆炼厂自建设以来一直严格执行国际通行的环保管
理体系，严格控制"三废"排放，配套建设了酸性水处理装置、
含油污水处理厂、化学水中和池、固体有毒有害物填埋场等高
标准环保装置及设施，生产废水净化处理后变成了 24 万平方
米的清澈的人工湖。继续抓好生活污水处理工作，在厂区周围
建成了一条长达 10 千米的绿化带。全面推行清洁和高清洁燃
料生产，汽油和柴油产品均达到欧Ⅲ标准，接近欧Ⅳ标准，更
好地做到了绿色生产，取得了很好的社会效益。

5. 加强绿化工作投入

围绕油田生产作业区、生活区和办公区域，苏丹 124 区
项目充分利用黑格里格油区中央处理站产出水开展植树造林工
程，总投资达 260 万美元（中方所占比例为 40%），植树面积
超过 100 公顷。

6. 参与文化交流互动

援建学校 103 所。与孔子学院合作，在苏丹举办评选"中
国石油汉语学习与中国文化传播先进个人"活动，捐助孔子学
院图书馆建设。捐建南苏丹朱巴大学电教中心，开展捐赠小学

教科书等公益活动。

中苏石油合作对苏丹社会的无私援助，得到了苏丹政府和民众的广泛认可，为项目发展创造了和谐、可靠的政治社会环境，安全、稳定的生产生活环境，也赢得了苏丹政府和当地员工的深厚感情。2008 年，中国"5·12"汶川地震期间，印度国家石油公司、马来西亚国家石油公司等苏丹项目各合作公司与苏丹员工自发走到一起，为灾区捐款。苏丹政府能矿部向在苏丹石油合作项目中工作的全体苏丹员工发出了"奉献爱心，每人捐献一到两天工资，支持中国抗震救灾"的倡议，并设立了抗震救灾基金，累计为汶川抗震救灾捐款 15 万美元。一方有难，八方支援，石油合作增进了两国人民的传统友谊，灾难面前，两国人民靠得更紧了。

捐助喀土穆大学孔子学院中国石油图书馆

第十九章
人本安全文化

　　"安全文化"是尼罗河公司核心文化之一。20 年来，尼罗河公司始终奉行"员工生命高于一切"的原则，认真落实"以人为本"理念，坚持将保障员工人身安全作为企业发展不可逾越的"红线"，把安全发展、健康发展和绿色发展作为项目可持续发展的前提，全力打造现代 HSE 管理体系和安全防控体系，形成了富有尼罗河公司特色的安全文化，为苏丹项目 20 年发展提供了坚实的基础保障。

一、以人为本，塑造全员良好安全行为养成

　　在管理过程中，尼罗河公司注重加强对员工的安全培训和安全演练，引导员工提高安全意识，自觉自愿地抓好安全环保工作，督促员工逐步养成"上标准岗、干标准活"的良好工作习惯，提升员工的安全防范能力。

1. 加强安全培训

　　多年来，尼罗河公司坚持培训常抓不懈，建立了全方位、立体化、多层次的安全培训网络，并以安全实例促安全行为养成。尼罗河公司及项目单位均结合岗位需求，特别是结合属地化进程，对员工制订培训计划及考核体系，实行员工岗前培训、岗位培训和专题分级培训制度，即新员工入场前必须了解公司基本的 HSE 政策、制度与安全知识；岗位培训活动则重在通

过传帮带，提升员工综合素质，以及具备特种岗位的专业安全技能。注重人的观念、道德、伦理、情感、品行等深层次的人文因素，营造良好的企业安全文化氛围，常年开展合理化建议、经验分享、案例分析、防恐安全技能、安全驾驶、应急救护、健康咨询等各类安全讲座和宣传活动，驻地开辟有 HSE 板报专栏、知识问答、视频网络欣赏等信息平台，还特别邀请国际专业机构来到南苏丹和苏丹开展防恐管理层培训。公司及所属项目单位中层及以上人员安全管理资格取证和复证培训、防恐安全资质培训、初级急救培训、特种作业人员取证和复证培训取证率均达到 100%，基层员工突发事件应急处置、应急救护知识培训率达到 90%。苏丹 6 区项目邀请苏丹原子能委员会组织专题放射性常识培训，通过"短课时、多频次、严考核"的方式开展井控、交通、消防、环保、火工品、放射源及职业健康等培训，并将 HSE 技能培训考核列入平时员工考核的主要指标。针对苏丹项目涉及职业危害种类较多、地域环境差异大、作业流动性和劳动强度较大等特点，尼罗河公司积极向员工全面普及疟疾、登革热、艾滋病等疾病的防治知识，高度重视并着力开展员工职业健康培训，增强员工的职业健康意识。通过在增强员工的自我防范意识上下工夫，尼罗河公司真正做到了逢会讲安全、处处抓安全、人人重安全，使全员的安全意识逐步深入人心，为保证项目安全运行奠定了坚实的思想基础。

2. 开展安全演练

尼罗河公司在积极进行安全知识普及和培训的同时，还注重加强员工的实战演练，使员工积累实战经验，在危机事件真

HSE 案例分析研讨会

正发生时做到不慌乱。例如，为切实加强施工现场安全管理工作，增强项目员工的消防安全意识，提高员工对火灾的自我防控和应对突发事件的处置能力，尼罗河公司定期召开以"安全第一，预防为主"为主题的消防安全应急演练活动。某天，随着办公楼里一阵刺耳的警报声响起，一个个员工急急从办公室里冲了出来，匆匆直奔一楼大厅。不一会儿，办公楼一楼大厅里，一队队整齐的中国石油员工站定。人数清点完毕后，公司员工纷纷有序登车，车队立即出发，一路应急灯不停闪烁，迅速向驻地驶去。车窗紧闭，窗帘低垂。车上的员工少了往日的欢笑，大家一脸肃穆，靠窗的员工纷纷举起了电脑包，挡住了自己的头部。一路风险，一路前行！车辆返回中方员工驻地宿舍楼，在防恐避险地下室，安保部、HSE 部还联合对员工随身防恐用品进行了检查，看大家的应急卡、应急备用金等是否随身携带，部门应急包是否落实到位等。按照防恐预案，演习还对防恐预案中的其他突发情况进行了模拟演练，检验人员的